Tutela Jurisdicional

À estimada Desembargadora
Maria Aparecida [illegible],
com carinho, respeito e
gratidão.
Abraço fraternal.
SP, 3 · X · 2009.
[illegible]

Salvador Franco de Lima Laurino

Tutela Jurisdicional

Cumprimento dos deveres de fazer e não fazer

Fechamento desta edição: 24 de agosto de 2009

ELSEVIER

CAMPUS JURÍDICO

Copidesque: Marcelo Dias Almada
Revisão Gráfica: Emídia Maria de Brito
Editoração Eletrônica: Tony Rodrigues

Elsevier Editora Ltda.
Conhecimento sem Fronteiras
Rua Sete de Setembro, 111 — 16º andar
20050-006 — Rio de Janeiro — RJ

Rua Quintana, 753 - 8º andar
04569-011 - Brooklin - São Paulo - SP

Serviço de Atendimento ao Cliente
0800 026 53 40
sac@elsevier.com.br

ISBN: 978-85-352-3674-3

Nota: Muito zelo e técnica foram empregados na edição desta obra. No entanto, podem ocorrer erros de digitação, impressão ou dúvida conceitual. Em qualquer das hipóteses, solicitamos a comunicação à nossa Central de Atendimento, para que possamos esclarecer ou encaminhar a questão.
Nem a editora nem o autor assumem qualquer responsabilidade por eventuais danos ou perdas a pessoas ou bens, originados do uso desta publicação.

Cip-Brasil. Catalogação-na-fonte
Sindicato Nacional dos Editores de Livros, RJ

L418t

Laurino, Salvador Franco de Lima
Tutela jurisdicional : cumprimento dos deveres de fazer e não fazer / Salvador Franco de Lima Laurino. - Rio de Janeiro : Elsevier, 2010.

Inclui bibliografia
ISBN 978-85-352-3674-3

1. Tutela jurisdicional. I. Título.

09-4072. CDU: 347.163

AGRADECIMENTOS

Ao longo do tempo, muita gente me ajudou a escrever este pequeno livro. Mas algumas pessoas, por uma ou outra razão, tiveram importância decisiva para que ele fosse publicado – Arnaldo Farias, Carlos Alberto Laurino, Estêvão Mallet, Flávio Secolin, Jorge Pinheiro Castelo, José Francisco Siqueira Neto, Luciana Macedo, Magali Rigozo, Marisa Harms, Paulo Eduardo Vieira de Oliveira, Simone Fritschy Louro e Thereza Christina Nahas. A todos, a minha gratidão.

O AUTOR

SALVADOR FRANCO DE LIMA LAURINO é especialista e mestre em Direito Processual pela Faculdade de Direito da Universidade de São Paulo. Coordenador e professor do curso de Direito Processual do Trabalho do Programa GV*law* da Escola de Direito de São Paulo da Fundação Getúlio Vargas. É juiz do trabalho em São Paulo desde 1988.

APRESENTAÇÃO

Sinto-me bastante honrado com a distinção de prefaciar este livro de Salvador Franco de Lima Laurino, que é fruto de ampla e profunda pesquisa sobre a tutela jurisdicional nas obrigações de fazer e não fazer.

Antes de mais nada, a obra que vem a público apresenta uma esplêndida estrutura arquitetônico-jurídica, que consegue aliar sólida erudição com envolvente simplicidade.

Trata-se de texto extremamente denso, com preciosa bibliografia, notas de rodapé instigantes, de leitura fácil e descomplicada, que impulsiona o leitor de um capítulo a outro até a conclusão da pesquisa.

A reflexão foi conduzida pela perspectiva da teoria geral do processo, o que garante sua perene atualidade e o bom entendimento dos escopos sociais, políticos e jurídicos subjacentes à tutela jurisdicional ao longo dos sucessivos períodos históricos.

O tema da tutela específica da obrigação de fazer e não fazer foi examinado sob a ótica da instrumentalidade substancial, ou seja, através de abordagem multidisciplinar que soube conjugar a análise jurídica, sociológica, histórica, política e filosófica.

Tem destaque o papel estratégico da tutela específica para a efetividade da tutela jurisdicional, atenta à natureza do direito material e voltada à proteção de bens jurídicos individuais e coletivos de natureza não-patrimonial ou com natureza patrimonial sem função patrimonial.

Apesar de seu caráter erudito, o trabalho não perde a comunicação com a realidade, lidando com problemas da modernidade e da pós-modernidade que não podem ser ignorados na compreensão da tutela jurisdicional no Estado democrático de direito.

Com certeza, o livro de Salvador Franco de Lima Laurino surge como texto de referência na doutrina nacional, credenciando-se como contribuição fundamental para o estudo do importante tema da tutela jurisdicional nas obrigações de fazer e não fazer.

Jorge Pinheiro Castelo

Advogado. Mestre, doutor e livre-docente pela Faculdade de Direito da Universidade São Paulo. Coordenador e Professor do Curso de Direito Processual do Trabalho no Programa GVlaw da Escola de Direito de São Paulo da Fundação Getúlio Vargas.

SUMÁRIO

Capítulo 3
ACESSO À JUSTIÇA E DIREITOS FUNDAMENTAIS

Capítulo 4
O PROCESSO ORDINÁRIO DE CONHECIMENTO E A REFORMA PROCESSUAL

Capítulo 5
A TUTELA JURISDICIONAL E O CUMPRIMENTO DOS DEVERES DE FAZER E NÃO FAZER

capítulo

1

O MÉTODO DA TEORIA GERAL DO PROCESSO

1. Considerações gerais

O DIREITO PROCESSUAL SURGIU como ramo autônomo da ciência jurídica no final do século XIX, no cenário do Estado liberal de direito, em uma época em que a vontade privada era soberana, em que o poder público se limitava a fiscalizar o cumprimento das regras do jogo da sociedade burguesa, em que se acreditava que a igualdade perante a lei bastava para equiparar as pessoas na disputa pelos bens da vida.[1]

Até a metade do século XX, o estudo do direito processual guiou-se por um método formalista que refletia tanto o individualismo do pensamento liberal, ao qual repugnava qualquer interferência na esfera de liberdade tão duramente conquistada perante os soberanos absolutistas, como um velho sistema de direito privado em que ainda dominavam as formas de propriedade estática e as situações jurídicas similares à categoria dos direitos reais.[2]

A perspectiva formal de igualdade, combinada com a falsa suposição de neutralidade do direito processual – que levou o

1. Cf. Eduardo Couture, "Algunas nociones fundamentales del derecho procesal del trabajo", *in Tribunales del trabajo*, Santa Fé, 1941, p. 112-113.
2. Cf. Cristina Rapisarda, *Profili della tutela civile inibitoria*, Padova: CEDAM, 1987, p. 18 e 75.

processualista a se julgar o "sacerdote de uma ciência neutra" –,[3] justificou a concepção racionalista de que um padrão ideal – o *processo ordinário de conhecimento*, condensado na fórmula "condenação + execução forçada" –, seria suficiente para a completa proteção judicial dos direitos.

O dogma de que ninguém poderia ser compelido ao cumprimento específico de uma obrigação de fazer ou não fazer associava-se à crença de que qualquer direito poderia ser reparado pela moeda para restringir a tutela jurisdicional ao momento posterior à ofensa, mediante ressarcimento em dinheiro, depois de esgotadas todas as oportunidades de defesa previstas no procedimento.[4]

Embora a concepção formal de igualdade consagrada nas declarações de direitos do século XVIII tenha representado um importante progresso para a humanidade, o avanço foi apenas parcial. Ao pressupor a plena igualdade jurídica de sujeitos que estavam em posição social e econômica diferentes, o Estado liberal alimentou outra forma de desigualdade e de injustiça.[5] A liberdade, provinda de generosas inspirações, tornou-se a liberdade do forte explorar o fraco.[6]

No século XX, com o advento do Estado social, começa o período de superação dos excessos do individualismo. Em nome do princípio de solidariedade e da função social de instituições como a propriedade e o contrato, o Estado começa a interferir nas relações entre os particulares mediante a criação de normas de ordem pública destinadas a restringir a autonomia da vontade para proteger o lado mais fraco da relação jurídica.[7]

---

3. Cf. Mauro Cappelletti, "Aspectos sociales y políticos del procedimiento civil – reformas y tendencias evolutivas en la europa occidental y oriental", *in Proceso, ideologías, sociedad*, trad. Santiago Sentís Melendo, Buenos Aires: EJEA, 1974, p. 89. "Durante muito tempo acreditou-se que o processo, enquanto mero instrumento de realização do direito material, se apresentasse com todas as galas da neutralidade e da imparcialidade, a salvo das influências do poder. Em realidade, a neutralidade dessa construção era apenas aparente, correspondendo plenamente à ideologia conservadora da qual a ciência jurídica havia extraído os seus princípios informadores. (Cf. Carlos Alberto Álvaro de Oliveira, "Procedimento e ideologia no direito brasileiro atual" *in Revista Ajuris*, nº 33, p. 79).

4. Cf. Luiz Guilherme Marinoni, "O procedimento comum clássico e a classificação trinária das sentenças como obstáculos à efetividade da tutela dos direitos", *in Revista do Tribunal Superior do Trabalho*, nº 65-1, 1999, p. 229-250.

5. Cf. Mauro Cappelletti, "Aspectos sociales y políticos del procedimiento civil", cit., p. 67.

6. Cf. Délio Maranhão, *Direito do trabalho*, Rio de Janeiro: Fundação Getúlio Vargas, 1985, p. 15.

7. Cf. Luis Roberto Barroso, "Neoconstitucionalismo e constitucionalização do direito – O triunfo tardio do direito constitucional no Brasil", *in Revista da Escola da Magistratura do Tribunal Regional*

Ao término da Segunda Guerra Mundial, fatores como a reconstrução dos direitos humanos, a reconstitucionalização da Europa continental, o reconhecimento da força normativa dos princípios constitucionais, a crise do positivismo jurídico concorreram para mudar o enfoque no estudo do direito processual. A transição para a ótica da efetividade começou nos anos 50 com o estudo da ligação entre processo e Constituição e prosseguiu nos anos 70 com a abordagem multidisciplinar proposta pelo movimento de *acesso à justiça.*[8]

No conjunto das investigações sobre as causas que impediam o efetivo acesso à justiça, a ambição de exclusividade do *processo ordinário de conhecimento* apareceu como obstáculo à efetividade dos *novos direitos* reconhecidos pelas Constituições da segunda metade do século XX, destinados à

---

do Trabalho da Segunda Região, nº 2, setembro/2007, p. 35. O Direito do Trabalho é o primeiro reflexo dessa evolução. Com a expansão econômica decorrente da Revolução Industrial, os quadros do direito comum, de inspiração individualista, tornaram-se insuficientes para compor os conflitos de interesse resultantes das relações de trabalho subordinado. "Na primeira metade do século XIX, as concepções liberais individualistas foram hipocritamente utilizadas como meio de assegurar a dominação do patronato sobre o proletariado. Sob o pretexto de liberdade, deixava-se o trabalhador isolado em face do patrão: renunciava-se ao espírito paternalista da corporação, já que a obrigação moral de proteção não se concebe entre *iguais*. A liberdade, provinda de generosas inspirações, ia se tornar a liberdade do forte explorar o fraco: a raposa livre no galinheiro livre... Daí a necessidade de alterar o sistema jurídico liberal por meio de uma corrente legislativa que, adaptando-os à realidade social, impedisse que os princípios da liberdade contratual e da autonomia da vontade, que pressupunham a igualdade entre os contratantes – inexistente no contrato de trabalho –, se transformassem em fator de agravamento do desequilíbrio entre o capital e o trabalho e de perturbação da ordem social... Desde o século XVIII e mais ainda no século XIX, verifica-se uma agitação operária, que assumirá, de início, forma violenta. E aparecem as primeiras leis visando a conciliar as exigências do respeito humano à pessoa do trabalhador com as da rentabilidade econômica das empresas. De que forma? Impondo limites ao princípio da autonomia da vontade no contrato de trabalho. Surge um novo sistema legislativo e um novo ramo do direito: o Direito do Trabalho". (Cf. Délio Maranhão, *Direito do trabalho*, cit., p. 15-16).

8. "A segunda metade do século XX caracterizou-se, na doutrina internacional do processo civil, como um *tempo de mudanças*. O monumental esforço dos idealistas portadores da bandeira da *efetividade do processo* abriu espaço para a consciência da necessidade de pensar no processo como algo dotado de bem definidas destinações institucionais e que deve cumprir os seus objetivos sob pena de ser menos útil e tornar-se socialmente ilegítimo. Merecem menção muito destacada as iniciativas de Mauro Cappelletti e Vittorio Denti, cujos discípulos e seguidores, na Itália, em toda a Europa continental e em plagas americanas, compõem um grupo hoje muito coeso em torno da ideia que se convencionou denominar *acesso à justiça*" (Cf. Cândido Rangel Dinamarco, *A reforma do código de processo civil,* São Paulo, Malheiros, 1995, p. 19). A evolução metodológica do direito processual na Itália se fez em duas linhas paralelas. "De um lado o pensamento e o método técnico-científico, com seus atuais representantes: Tarzia, Ricci, Mandrioli, Colesanti, Cerino Canova, Monteleone e tantos outros. De outro lado, o pensamento e o método sociológico, com seus maiores expoentes: Cappelletti, Denti, Vigoriti, Taruffo, Comoglio. No Brasil, a Nova Escola Processual de São Paulo concilia e funde as duas tendências". (Cf. Ada Pellegrini Grinover "A Nova Escola Processual de São Paulo", *in Novas tendências do direito processual*, São Paulo, Forense, 1987, p. 448-449).

proteção de bens sem função ou conteúdo patrimonial, cuja ofensa não permite reparação pelo metro da pecúnia.[9]

O direito processual voltou-se para a elaboração de formas de tutela jurisdicional capazes de oferecer resultado equivalente ao que seria obtido pelo litigante vitorioso com a obediência espontânea ao direito material.[10] O célebre postulado formulado por Giuseppe Chiovenda ainda no início do século XX – "o processo deve proporcionar a quem tem um direito, na medida do que for praticamente possível, tudo aquilo e precisamente aquilo que ele tem direito de conseguir" – converteu-se no símbolo do movimento de efetividade do processo.[11]

A história das instituições judiciárias mostra que à gradual limitação da justiça do mais forte correspondeu o progressivo reforço da ingerência do Estado na defesa dos direitos.[12] Em sentido inverso, quando as respostas oferecidas pelo sistema processual se afastam do postulado da *maior coincidência possível*, o eixo da disciplina das relações sociais desloca-se para a prepotência do mais forte, o que significa a mistificação do direito e a própria negação da ideia de *justiça*.[13]

---

9. Cf. Andrea Proto Pisani, *Appunti sulla giustizia civile*, Bari: Cacucci, 1982, p. 18-20. A difusão das formas de produção em massa e o aprimoramento dos sistemas de informação implicaram o surgimento de *novos direitos* que não encontraram adequada colocação no catálogo das situações substanciais tradicionais. Eles decorrem de cláusulas gerais que têm como núcleos principais a proteção da personalidade e da saúde; a circulação de informações com a correspondente necessidade de proteção dos aspectos morais da personalidade mediante o controle dos órgãos de comunicação; o direito de participação política e de informação sobre os atos administrativos; os direitos dos consumidores, ao meio ambiente, ao patrimônio histórico-cultural e aos demais interesses coletivos e difusos. (Cf. Vittorio Denti, "Giustizia e partecipazione nella tutela dei nuovi diritti", *in Participação e processo*, coordenação de Ada Pellegrini Grinover *et al.* São Paulo, Revista dos Tribunais, 1988, p. 15).

10. Cf. Mauro Cappelletti *"Problemas de reforma do processo civil nas sociedades contemporâneas"*, in *O processo civil contemporâneo*, org. Luiz Guilherme Marinoni, Curitiba, Juruá, 1994, p. 85.

11. Cf. *Instituições de direito processual civil*, I, São Paulo, Saraiva, 1965, p. 46. "A *escola italiana de direito processual* surgiu no início do século XX, com a monumental obra de Giuseppe Chiovenda (1872-1937), profundo estudioso dos clássicos romanos e conhecedor da doutrina alemã... Em seu legado, encontram-se muitas formulações definitivas, de projeção universal e que são sempre invocadas apesar do decurso do tempo e do surgimento de novas escolas. Merece especial realce o famoso pensamento emitido em prol da *efetividade do processo*, que constitui o *slogan* central da moderna escola instrumentalista: '*na medida do que for praticamente possível, o processo deve proporcionar a quem tem um direito tudo aquilo e precisamente aquilo que ele tem o direito de obter*". (Cf. Cândido Rangel Dinamarco *Instituições de direito processual civil*, I, São Paulo, Malheiros, 2001, nº 99, p. 257-258).

12. Cf. Piero Calamandrei, Istituzioni di diritto processuale civile, *in Opere giuridiche*, IV, Napoli, Morano, 1970, p. 105.

13. Cf. Andrea Proto Pisani, *Lezioni di diritto processuale civile*, Napoli: Jovene, 1994, p. 6. "Um *postulado* é um elemento, uma crença ou um princípio necessário para que a razão funcione; um elemento fundamental,

2. Direito material e direito processual: os dois planos da ordem jurídica

O ESTADO DE DIREITO surge com as revoluções burguesas do século XVIII, em oposição ao Estado absolutista, em que o soberano agia como *legibus solutus*, concentrando poderes ilimitados de legislar, administrar e julgar. É o triunfo da velha doutrina política da superioridade do "governo de leis" sobre o "governo de homens", que remonta aos clássicos e que foi transmitida aos modernos pelas escolas medievais.[14]

Com o propósito de evitar o arbítrio e assegurar a liberdade, as funções de legislar, administrar e julgar são confiadas a órgãos autônomos e independentes que exercem o poder político de acordo com os critérios impessoais e objetivos da *ordem jurídica*, o sistema hierarquizado de normas que, em conformidade com algumas pautas políticas, visa concretizar a *justiça*, o equilíbrio histórico do conjunto de valores consagrados na Constituição.[15]

A *ordem jurídica* se desdobra em dois subsistemas independentes que se integram e se completam de maneira recíproca: o *direito material* e o

---

um princípio básico; é aquilo que se assume sem provas como auto-evidente ou que é aceito de modo geral; é aquilo que é necessário para um argumento; um axioma, um requisito, um pré-requisito". (Cf. Derek Johnston, *História concisa da filosofia:* de Sócrates a Derrida, São Paulo, Rosari, 2008, p. 103).

14. Cf. Norberto Bobbio, *Liberalismo e democrazia*, Milão, Franco Angeli, 1986, p. 18. "A experiência histórica tem demonstrado que a proteção da dignidade humana depende da solução de um problema cuja magnitude representa um perpétuo desafio à argúcia dos governantes de todos os tempos: *como pôr o direito acima da vontade dos homens*. A causa primeira da desordem ética é, geralmente, o abuso de poder, individual ou coletivo. Por isso mesmo, a função primordial da ordem jurídica, como sustentaram com inteira razão os defensores de contrato social, consiste em refrear a liberdade natural, que conduz ao conflito e ao senhorio dos mais fracos pelos mais fortes, a fim de se instaurar a liberdade política, fundada no mútuo respeito da pessoa humana, em todas as suas múltiplas diferenças biológicas e culturais. Na preservação da liberdade humana, dois extremos de desordem ética devem ser cuidadosamente evitados pela estrutura constitucional dos regimes políticos: a instituição de um só poder, absoluto e irresponsável – é a proposta bem conhecida de Hobbes –, ou a supressão de todo poder institucional, com a volta ao hipotético estado de natureza". (Cf. Fábio Konder Comparato, "As garantias institucionais dos direitos humanos", texto extraído do sítio eletrônico da *Escola de Governo*, www.escoladegoverno.org.br).

15. Cf. Miguel Reale, *Lições preliminares de direito*, São Paulo: Saraiva, 1983, p. 371. "O principal veículo da *paz* é a *justiça*. Para compreender a justiça, mentes acostumadas a lidar com coisas sólidas não precisam elocubrar metafísicas. Ela é, hoje, valor positivado e objetivo da ordem interna, proclamada no preâmbulo e no inciso I do art. 3º da Constituição, tanto quanto outros valores (*v. g.*, os da moralidade ou da eficiência) cujo nível de abstração não representa embaraço ao seu entendimento, com a única diferença de que esse é o valor maior. *Justiça* é valor correspondente ao que é justo, e justo – sabem-no alfaiates, engenheiros, arquitetos – é medida do bom. Objetivo do Direito – arte, técnica e ciência dos operadores jurídicos – é a institucionalização e materialização das relações de poder segundo o critério de justiça, e não a mera reprodução de relações naturais, sociais ou econômicas de poder". (Cf. Sérgio Sérvulo da Cunha, *Fundamentos de direito constitucional*, São Paulo: Saraiva, 2004, p. 219).

direito processual.[16] O *direito material* disciplina as relações das pessoas em face dos *bens da vida*, que são todas as *coisas*, *situações* ou mesmo *pessoas* que de algum modo podem ser objeto de aspirações e de direitos.[17] Com a finalidade de preservar a convivência social sob certa escala de valores, o Estado estabelece regras gerais e abstratas que definem previamente as situações de vantagem e de consequente desvantagem perante os bens da vida, criando direitos e os deveres a eles correspondentes.

Nem sempre o direito material é suficiente para evitar crises nas relações jurídicas. Elas se manifestam na pretensão de alguém a um bem da vida e na impossibilidade de obtê-lo em virtude da resistência de quem poderia satisfazer a pretensão.[18] A solução dos conflitos por meio da aplicação concreta das normas do direito material é função essencial à preservação do sistema político, do qual o sistema judiciário é um subsistema.[19] Sem a proteção da jurisdição, o direito material ficaria abandonado unicamente à boa vontade dos homens e, portanto, correria o risco frequente de permanecer desobedecido.[20]

Daí o outro plano da ordem jurídica, o *direito processual*, o conjunto operativo de princípios e normas por meio do qual o Estado exerce a jurisdição com a função de solucionar o conflito mediante a aplicação concreta da regra de direito material.[21] Ao mesmo tempo em que assegura a paz social e reafirma a autoridade do direito material, o Estado protege os direitos *subjetivos*, assim entendidos em acepção ampla, abrangendo todas as situações de vantagem que a ordem jurídica confere às pessoas sob determinadas circunstâncias.[22]

---

16. Cf. Enrico Tullio Liebman, *Manual de direito processual civil*, I, tradução e notas de Cândido Rangel Dinamarco, Rio de Janeiro: Forense, 1985, p. 148.
17. "As *coisas* são bens materiais (móveis, imóveis), as situações relevantes para o direito são bens imateriais (p. ex., a liberdade ou o estado de casado) e as pessoas podem ser objeto de uma relação jurídica, p. ex., quando se trata de exercer sobre elas o pátrio poder ou a guarda. Fala-se em *bens da vida* porque é em relação a eles que, na vida comum e independentemente de qualquer atividade processual, os direitos são exercidos e as pretensões incidem". (Cf. Cândido Rangel Dinamarco, *Instituições de direito processual civil*, I, cit., p. 36).
18. Cf. Cândido Rangel Dinamarco, *Instituições de direito processual civil*, I, cit., nº 44, p. 117.
19. Cf. Alberto Marradi, "Sistema judiciário", in *Dicionário de política*, II, Brasília, UnB, 1991, p. 1157.
20. Cf. Enrico Tullio Liebman, *Manual de direito processual civil*, cit., p. 148.
21. Cf. Cândido Rangel Dinamarco, *Instituições de direito processual civil*, I, nº 2, p. 37.
22. Cf. Barbosa Moreira, "As bases do direito processual civil", *in Temas de direito processual, (primeira série)*, São Paulo: Saraiva, 1988, p. 7. Como explica Ferruccio Tommaseo, a relação que se atua

3. O método da teoria geral do processo

A LOCUÇÃO ***DIREITO PROCESSUAL*** é polissêmica.[23] Ela é usada tanto para designar um ramo da *ciência jurídica* – que é o *direito processual* – como o seu *objeto material*, que é o *sistema processual*, aquele conjunto operativo de princípios e normas jurídicas por meio do qual o Estado exerce a jurisdição com a função de solucionar conflitos.[24]

É sabido que ciência alguma se resume a um *objeto material*, ou seja, à coisa que é o objeto de estudo.[25] Além de um *objeto material*, o direito processual compreende também um *objeto formal*, vale dizer, um *método*,[26]

---

no processo entre o direito subjetivo e o direito objetivo foi intuída e traduzida pelo gênio poético de William Shakespeare quando, no *Mercador de Veneza*, afirma que o direito de Shylock e as leis de Veneza são uma só coisa: desconhecer o primeiro significaria enfraquecer o segundo. (Cf. *Appunti di diritto processuale civile*, Torino: Giappichelli, 1995, p. 13).

23. Sobre os três significados do vocábulo *processo – sistema processual, ramo da ciência jurídica* e *instituto do direito processual* –, v. Cândido Rangel Dinamarco, *Instituições de direito processual civil*, II, cit., nº 386, p. 23-25.

24. Há uma ligação essencial entre o sistema processual e a organização judiciária. "O bom processo depende sempre de bons operadores e de pouco valem as normas processuais bem compostas e bem estruturadas sem o suporte de bons juízes e de uma justiça bem aparelhada". (Cf. Ada Pellegrini Grinover *et al.*, *Teoria geral do processo*, São Paulo: Malheiros, 2005, p. 177). "Por mais perfeitas que sejam as leis materiais e processuais, será sempre falha a tutela jurisdicional dos direitos se não existirem juízes preparados para aplicá-las e uma adequada infraestrutura material e humana para lhes dar o apoio necessário". (Cf. Kazuo Watanabe, *Da cognição no processo civil*, São Paulo: Revista dos Tribunais, 1987, p. 23).

25. De acordo com a lição de Miguel Reale, "A palavra *objeto* pode ser tomada em dois sentidos: *material* e *formal*. As ciências não se distinguem uma das outras pelo objeto material, mas sim pelo formal... A matéria de estudo pode ser a mesma. O que diversifica um ramo do saber é seu objeto formal, ou seja, a especial maneira com que a matéria é apreciada, vista, considerada. O objeto formal de uma ciência liga-se, portanto, ao ângulo especial de apreciação de um objeto material". (Cf. *Filosofia do direito*, São Paulo, Saraiva, 1990, p. 74-76).

26. "Se a verdade lógica é a conformidade da inteligência às coisas, o erro, que é seu contrário, deverá ser definido como a *não conformidade do juízo às coisas*. Enganar-se não é ignorar pura e simplesmente. A ignorância consiste propriamente em nada saber e em nada afirmar, enquanto que o erro consiste em não saber e afirmar acreditando saber. É uma ignorância que se ignora. O erro tem *causas lógicas* e *morais*. As *causas lógicas* provêm da *fraqueza natural* do nosso espírito: falta de penetração; falta de atenção; falta de memória. Todavia, esta imperfeição notável do espírito não é jamais a causa suficiente do erro. Porque como a inteligência só é obrigada a assentir pela evidência do verdadeiro, jamais se enganaria, ou, em outras palavras, jamais manifestaria sua adesão fora da evidência, a não ser que estivesse sofrendo uma influência estranha. Essa influência estranha é a da vontade submetida às paixões e, por conseguinte, as verdadeiras causas do erro são quase sempre *causas morais*. Podemos reduzi-las a três principais, que são: a *vaidade*, pela qual confiamos em demasia em nossas luzes pessoais, – o *interesse*, pelo qual preferimos as afirmações que nos são favoráveis, – a *preguiça*, pela qual recuamos ante a informação e o trabalho necessários, aceitando sem controle os preconceitos em voga, a autoridade dos falsos sábios, as aparências superficiais, os equívocos da linguagem etc. Se o erro tem causas lógicas e causas morais, devemos combatê-lo por *remédios lógicos* e *morais*. Os *remédios lógicos* constituem uma espécie de *higiene intelectual*, e tendem a desenvolver a retidão e o vigor do espírito pela aplicação metódica das regras lógicas e, pelo controle da imaginação, o desenvolvimento da memória. Os *remédios morais* são, naturalmente,

uma perspectiva própria de ver e de compreender a estrutura, a dinâmica e as funções do *sistema processual*.

A *teoria geral do processo* é uma abordagem que se ampara na premissa de que há uma *unidade fundamental* no sistema processual. Apesar das diferenças que existem entre os vários ramos do direito processual, todos eles derivam de uma mesma base jurídica e convergem para uma função comum na ordem jurídica, o que, em elevado grau de generalidade, permite identificar um único sistema processual.[27]

Com efeito, todos os ramos do direito processual são governados pelos mesmos *princípios* inscritos na Constituição, que são o *acesso à justiça*, o *devido processo legal* e a *independência dos juízes*. Todos eles têm os mesmos *institutos* – *jurisdição*, *ação*, *defesa* e *processo* –, que são os eixos em torno dos quais gravitam as regras de qualquer espécie de processo judicial. E todos têm a mesma *função* na ordem jurídica, que é a *tutela jurisdicional*, a proteção que o Estado dispensa a quem tem razão em um processo judicial, seja o autor, seja o réu.[28]

Conforme a analogia de Francesco Carnelutti, que foi o precursor do método no começo do século XX, o direito processual é como uma árvore, cujo tronco comum cresce até a altura em que começam a surgir os ramos.[29] Em que pesem as diferenças, que decorrem da necessidade de adequação aos diversos segmentos do direito material, todos os ramos do direito

---

os mais importantes. Resumem-se no *amor à verdade*, que nos inclina a desconfiar de nós mesmos, a julgar com uma perfeita imparcialidade, a agir com paciência, circunspecção e perseverança na procura da verdade". (Cf. Regis Jolivet, *Curso de filosofia*, Rio de Janeiro: Agir, 1995, p. 64-65).

27. Cf. Ada Pellegrini Grinover, "Processo trabalhista e processo comum", *in O processo em sua unidade*, II, São Paulo: Forense, 1984, p. 122. "Apesar das distinções, que são muitas, têm-se em todos os setores do direito processual as mesmas características essenciais relevantes para a tentativa unificadora, resumidas na disciplina da jurisdição e seu exercício pelas formas do processo legalmente instituídas e mediante a participação dos interessados. Tal é o direito processual jurisdicional. Em seu domínio se desenvolveram os principais conceitos e estruturas de natureza processual, inclusive o de *processo* mesmo, que tem no processo jurisdicional o seu *arquétipo*. (Cf. Cândido Rangel Dinamarco, *A instrumentalidade do processo*, São Paulo: Malheiros, 1994, nº 8, p. 69-70).

28. Cf. Ada Pellegrini Grinover, *"Processo trabalhista e processo comum"*, cit., p. 122-123.

29. Cf. Niceto Alcalá-Zamora y Castillo, *Estudios de teoria general y historia del proceso (1945-1972)*, I, México, UNAM, 1992, p. 512; Cândido Rangel Dinamarco, "Das medidas cautelares na Justiça do Trabalho", *in Fundamentos do processo civil moderno*, São Paulo, Revista dos Tribunais, 1986, p. 347. "A ciência do direito processual não alcancará seu cume enquanto não se construir de maneira sólida uma parte geral, em que os elementos comuns a qualquer ramo do processo encontrem a sua elaboração". (Cf. Francesco Carnelutti, *Sistema di diritto processuale civile*, Padova: CEDAM, 1936, nº 89, p. 267).

processual têm a mesma *estrutura* e a mesma *função* na ordem jurídica. Em essência, todos são instrumentos por meio dos quais o Estado exerce a jurisdição com o objetivo de resolver conflitos com justiça.[30]

O postulado da unidade do direito processual produz uma consequência *prática* e outra *teórica*. A consequência *prática* é a possibilidade de aplicação subsidiária de regras do processo comum como meio de integração das lacunas dos processos especiais.[31] É algo muito importante para o processo do trabalho, por exemplo, cuja simplicidade implica uma grande dependência do processo comum.[32] O processo do trabalho não se ocupa das disposições gerais sobre os recursos – extensão e profundidade do efeito devolutivo –, não trata do regime da coisa julgada – eficácia preclusiva, limites objetivos e subjetivos –, da antecipação de tutela, dos embargos de terceiro, dos meios de coerção destinados ao cumprimento específico de obrigação de fazer e não fazer. É a existência de uma base jurídica comum que permite a aplicação de preceitos do processo comum e confere operacionalidade ao processo do trabalho e aos demais processos especiais.[33]

A consequência *teórica* da unidade é justamente a possibilidade de elaboração de uma *teoria geral do direito processual*, uma disciplina de introdução cujo objeto é o corpo de conhecimentos comuns a todos os ramos do direito processual, o que abrange os métodos, os princípios, os institutos e as funções do sistema processual. Ao mesmo tempo em que é uma disciplina *dogmática*, voltada ao estudo sistemático das normas do sistema processual, ordenando-as em vista de sua aplicação prática, a *teoria geral do processo* é também uma abordagem *crítica*, com uma função especulativa

---

30. Afirmar a unidade do direito processual não significa negar a identidade de cada um de seus ramos. "Não passam despercebidas as diferenças que existem entre os diversos ramos do direito processual, que são independentes a partir do ponto de inserção no tronco comum. Mas a seiva que vem do tronco é uma só, o *poder*, a alimentar todos os ramos. Embora cada um deles tome a sua direção, nunca deixará de ser um ramo da árvore do processo, nem pode se afastar tanto que dê a impressão de se isolar do sistema". (Cf. Cândido Rangel Dinamarco, *A instrumentalidade do processo*, cit., nº 8, p. 73).

31. Cf. Barbosa Moreira, *As bases do direito processual civil,* cit., p. 8.

32. É a característica que levou Wilson de Souza Campos Batalha a afirmar que a autonomia do processo do trabalho perante o processo civil não é *absoluta*, mas *relativa*. (Cf. *Tratado de direito judiciário do trabalho*, São Paulo: LTr, 1985, p. 139).

33. Cf. Salvador Franco de Lima Laurino, Aplicação subsidiária do processo comum ao processo do trabalho, *in Curso de direito do trabalho – direito processual do trabalho*, IV, coordenação de Jorge Luiz Souto Maior e Marcus Orione Gonçalves Corrêa, São Paulo: LTr, 2009.

que não se limita às questões de natureza formal, indagando também sobre o papel político e social do sistema processual, o que a leva a buscar o apoio do direito comparado, da filosofia e de ciências humanas como a história, a sociologia, a antropologia e a ciência política.[34]

Como lembra Dimitri Dimoulis, o direito não é uma ordem lógica nem uma simples estrutura. Ele possui caráter político que se exprime em tomadas de posição, em práticas e teorias situadas no tempo e no espaço que se apoiam em opções substanciais que o estudioso não pode ignorar, mesmo quando se preocupa com a análise de elementos estruturais do sistema jurídico.[35]

4. A teoria geral do processo e o art. 28 do *Statuto dei Lavoratori* (Lei nº 300, de 20/05/1970)

A PRINCIPAL UTILIDADE DA teoria geral do processo é a elaboração de uma linguagem comum que, ao permitir a comunicação e a troca de experiências, contribui para o aprimoramento da tutela jurisdicional em todos os ramos do direito processual.[36]

---

34. Tércio Sampaio Ferraz Júnior ensina que o direito, como objeto, pode ser estudado por diversos ângulos, dentre os quais destaca os enfoques *zetético* e o *dogmático*. Embora entre ambos não haja uma linha divisória radical, há uma diferença fundamental. "O enfoque dogmático releva o ato de opinar e ressalva algumas das opiniões. O zetético, ao contrário, desintegra, dissolve as opiniões, pondo-as em dúvida. Questões zetéticas têm uma função especulativa e são infinitas. Questões dogmáticas têm uma função diretiva explícita e são finitas... Por isso, o enfoque zetético visa saber o que é uma coisa. Já o enfoque dogmático se preocupa em possibilitar uma decisão e orientar a ação." São exemplos de disciplinas *zetéticas*, entre outras, a sociologia, a antropologia e a história. Uma teoria geral no campo do direito é definida como *zetética aplicada*, posto que "os resultados da investigação podem ser aplicados no aperfeiçoamento de técnicas de solução de conflitos... Desse ponto de vista, o teórico se ocupa com a *instrumentalidade* dos pressupostos últimos e condicionantes do fenômeno jurídico e seu conhecimento, quer nos aspectos formais quer nos materiais". (Cf. *Introdução ao estudo do direito*, São Paulo: Atlas, 1988, p. 42-46).
35. Cf. *Positivismo jurídico – introdução a uma teoria do direito e defesa do pragmatismo jurídico-político*, São Paulo: Método, 2006, p. 38. Em relação à utilidade do estudo das teorias do direito, o autor acrescenta: "O operador do direito pode continuar atuando com êxito na prática jurídica sem conhecer as teorias do direito, da mesma forma como um secretário pode digitar milhares de páginas sem conhecer a estrutura e o modo de funcionamento do computador. Mas sem esse conhecimento técnico sobre a estrutura e o modo de funcionamento da máquina nenhum computador existiria e nenhum sistema jurídico poderia funcionar de maneira satisfatória. Assim sendo, a teoria do direito é um saber onipresente na prática jurídica, ainda que os operadores do direito não estejam sempre conscientes disso. Por essa razão merece o nome de disciplina *fundamental*. Não porque possui um particular mérito, mas porque permite analisar os fundamentos dos sistemas jurídicos oferecendo a base para a sua compreensão (*Ibidem*, p. 43).
36. Conforme Jorge Pinheiro Castelo, um dos objetivos da teoria geral do processo é "permitir o livre trânsito de ideias entre os diversos ramos do direito processual, propiciando uma fonte permanente de atualização dos diferentes segmentos processuais" (Cf. *Tutela antecipada no processo do trabalho*, São

Essa virtude foi explicitada na polêmica que o art. 28 do *Statuto dei Lavoratori* provocou na Itália dos anos 70 em relação à técnica adotada pelo processo do trabalho para conferir efetividade à ordem de reintegração do empregado dispensado em ofensa ao direito sindical.[37]

Em busca da efetividade do princípio da liberdade sindical, o legislador concebeu um instrumento que não se enquadrava no âmbito de qualquer outra forma de tutela jurisdicional existente no sistema processual italiano.[38] A novidade decorria da conjugação da técnica de cognição sumária com um sistema de coação indireta destinada a assegurar o cumprimento específico da ordem judicial.[39]

O legislador se amparou na premissa de que a mera existência da norma jurídica não é condição suficiente para que as relações sociais a ela se ajustem. Embora a constatação seja evidente para o direito em geral, ela tem importância ainda maior para o direito sindical, cuja disciplina tem por objeto relações com forte inclinação ao conflito e marcadas pelo equilíbrio mutável de forças entre os litigantes, o que condiciona a própria efetividade da norma de direito material.

Paulo, LTr, 1999, p. 21). Nessa linha, Cândido Rangel Dinamarco observa que "a complexa diversidade de espécies de processo é responsável, como facilmente se compreende, pelo estado de desagregação metodológica no estudo de cada um, contra o qual se volta a teoria geral do processo. Sem esta, prevalecia a tendência a observar cada ramo processual em particular, como se fosse conceitual e metodologicamente isolado dos demais". (Cf. *A instrumentalidade do processo,* cit., nº 7, p. 63).

37. Sobre a importância do papel desempenhado pelas polêmicas na história do direito processual, v. Cândido Rangel Dinamarco, Polêmicas do processo civil, *in Fundamentos do processo civil moderno*, São Paulo, Malheiros, 2000, p. 277-301. A respeito da polêmica em torno do art. 28 do *Statuto dei Lavoratori*, ver – por todos – a síntese de Cristina Rapisarda, *Profili della tutela civile inibitoria*, cit., p. 185 e s.

38. Como resumiu Enrico Tullio Liebman, "essa sentença deu muito que fazer aos intérpretes, especialmente porque com ela o legislador quis demolir a muralha da incoercibilidade das obrigações de fazer, vindo assim ao encontro das novas exigências da realidade social". (Cf. *Manual de direito processual civil*, cit., p. 192).

39. Conforme Gino Giugni, "o modelo mais próximo pela *ratio* que o instrumento inspira é o procedimento de urgência de que trata o art. 700 do *Codice di Procedura Civile*. Mas há duas diferenças fundamentais que impedem a identificação: enquanto as medidas de urgência requerem sempre processo ordinário que as convalide (se ele não acontece, a medida declina), a medida do art. 28 é por si perfeita e o conhecimento segundo as regras ordinárias acontecerá somente se a parte prejudicada no processo sumário a ela se opuser no momento oportuno. Em segundo lugar, a urgência do procedimento deriva *ope legis* da matéria regulamentada e não é, como nos procedimentos de urgência, objeto de avaliação da parte do juiz. Outro ponto peculiar é o aparato sancionador. Com o objetivo de superar as dificuldades do processo executivo – muitas vezes tecnicamente impossível na matéria e causador de atrasos –, o legislador introduziu sistema de coação indireta, qual seja um mecanismo idôneo para obrigar o condenado a se adequar à ordem do juiz". (Cf. *Direito sindical*, São Paulo: LTr, 1991, com notas de José Francisco Siqueira Neto, p. 88-89).

A posição predominante do empregador, ou seja, a sua capacidade de determinar de várias maneiras a situação dos sujeitos a ele subordinados, é elemento estrutural da relação de trabalho. É grande a possibilidade da norma jurídica favorável ao sujeito mais fraco encontrar obstáculos para sua plena aplicação, risco que mais se acentua quanto menor a força de reivindicação do sindicato. Por isso, o legislador não se contentou em obrigar o empregador a respeitar a atividade sindical e o direito de greve, mas predispôs um instrumento processual que constituiu a novidade de maior importância prática introduzida pela lei em seu conjunto.[40]

A polêmica que se seguiu ao *Statuto* serviu para mostrar a insuficiência da fórmula "condenação + execução forçada" para oferecer adequada tutela jurisdicional em direitos sem conteúdo ou função patrimonial, cuja efetividade está subordinada à existência de mecanismos de cognição sumária e de meios de pressão da vontade destinados a forçar ao cumprimento de obrigações de fazer e de não fazer.[41]

Ao representar um avanço em direção à concretização do postulado da *maior coincidência possível*,[42] a lei sindical italiana mostrou que assim como os movimentos operários tiveram importância decisiva para a superação do Estado liberal, o processo do trabalho, ao refletir no plano do processo o fenômeno da socialização do direito, contribuía para a renovação do processo civil, que em grande parte ainda guardava a marca do liberalismo clássico.[43]

---

40. Cf. Gino Giugni, *Direito sindical*, cit., p. 88.

41. Cf. Andrea Proto Pisani, "L'effetività dei mezzi di tutela giurisdizionale con particolare riferimento all'attuazione della sentenza di condanna", *in Rivista di diritto processuale*, 1975, p. 620-634; *Appunti sulla giustizia civile*, 1982; "L'influenza del diritto de lavoro sul diritto processuale civile", *in Studi in onore di Vittorio Denti*; Crisanto Mandrioli, "L'esecuzione specifica dell'ordine di reintegrazione nel posto del lavoro", *in Rivista di diritto processule*, 1975, p. 9-36; Giuseppe Tarzia, "Presente e futuro delle misure coercitive civili, *in Rivista trimestrale di diritto e procedura civile*, 1981, p. 800-808; Michele Taruffo, "Problemi in tema di escutorietà della condanna alla reintegrazione del lavoratore", *in Rivista trimestrale di diritto e procedura civile*, 1976, p. 789-812; Elisabeta Silvestri, "Problemi e prospettive di evoluzione degli obblighi di fare e di non fare", *in Rivista di diritto processuale*, 1981, p. 41-70; Mariangela Zumpano, "Tutela di urgenza e rapporto di lavoro", *in Rivista di diritto processuale*, 1987, p. 827-849.

42. Cf. Andrea Proto Pisani, *Studi di diritto processuale del lavoro*, Milão: Franco Angeli, 1976, p. 102.

43. Cf. Ada Pellegrini Grinover, "Processo trabalhista e processo comum", cit., p. 124. Na *Novella* de 1990, o legislador italiano fez do processo do trabalho o seu modelo de inspiração para a reforma do processo civil. (Cf. Luigi Montesano e Romano Vaccarella, *Manuale di diritto processuale del lavoro*, Napoles: Jovene, 1996, p. 10-11).

5. O processo civil como processo comum

A UNIDADE DO DIREITO processual permite ao processo civil desempenhar o papel de *processo comum* no sistema processual. Mesmo diante de processos regidos por disciplina específica, ele desempenha o papel de fonte subsidiária para a superação de lacunas sempre que suas normas guardarem compatibilidade com a identidade do processo especial.[44]

Ao exercer a função de *processo comum*, o processo civil abarca as mais variadas espécies de posições jurídicas ativas e passivas de direito material, independentemente da existência de processo especial destinado à disciplina de situações específicas. Essa característica leva Barbosa Moreira a afirmar que "o conceito de processo civil é, por assim dizer, *residual*, e não exclui certa *heterogeneidade* das matérias a cujo respeito, no seu âmbito, se exerce a atividade judicial".[45]

A técnica adotada pelo Código de Processo Civil para o cumprimento específico dos deveres de fazer e de não fazer aplica-se também a processos especiais que não tenham tratamento próprio sobre a matéria, de modo que a consciência da unidade do sistema processual configura premissa indispensável para alargar o caminho em direção à ordem jurídica justa em todos os campos do direito material.

---

44. Cf. Barbosa Moreira "As bases do direito processual civil", cit., p. 8. Em relação à solução de conflitos de natureza coletiva, a integração das lacunas de processos especiais deve ser feita mediante a aplicação do *processo coletivo comum*, cuja base é formada pela Lei de Ação Civil Pública e pelo Código de Defesa do Consumidor. (Cf. Elton Venturi, *Execução da tutela coletiva*, São Paulo: Malheiros, 2000, p. 40-43).
45. *Ibidem*, p. 3-4.

capítulo

2

A CIÊNCIA DO DIREITO E A EVOLUÇÃO METODOLÓGICA NO DIREITO PROCESSUAL

6. A tradição jurídica romano-germânica e a ciência do direito

EMBORA AS INSTITUIÇÕES jurídicas sejam tão antigas como a sociedade humana, foi somente na Roma Antiga que elas começaram a ser examinadas de maneira sistemática.[46] Os romanos não criaram as regras jurídicas nem tampouco formas de entendê-las ou de aplicá-las. A eles coube a invenção da *ciência jurídica*, um conhecimento técnico da estrutura interna das instituições jurídicas e, ao mesmo tempo, um método que permite trabalhar por elas e sobre elas.[47]

A existência de instituições jurídicas – leis e tribunais – não implica necessariamente a de juristas, do mesmo modo que a

46. "Há um aceso debate na literatura antropológica legal sobre se as sociedades simples tem ou não amplas regras formais. Muitos antropólogos argumentam que a base do 'direito primitivo' é processual. Isto é, a resolução de disputas para manter a harmonia da família e da comunidade prefere à aplicação de regras formais. Por outro lado, uma outra grande escola 'idealista' de antropologia legal insiste em que as sociedades pré-Estado realmente têm regras amplas de como se devem comportar as pessoas, sendo esses preceitos bem conhecidos da comunidade. Ambos os pontos de vista têm seus argumentos fortes e fracos. Mas parece indubitável que quase todas as sociedades têm alguma forma de cultura jurídica, ou seja, uma opinião sobre o que é uma conduta apropriada e uma ideia de justiça". (Cf. Robert Weaver Shirley, *Antropologia jurídica*, São Paulo: Saraiva, 1977, p. 43).

47. Cf. Carlo Augusto Cannata, *Historia de la ciencia jurídica europea*, Madrid: Tecnos, 1996, p. 18.

existência de construções não implica a de engenheiros, nem a prática de cálculos significa a existência de matemáticos. Entre uma habilidade pragmática – como a de saber construir ou contar, legislar ou julgar – e uma ciência existe uma diferença de qualidade e de quantidade. A ausência de uma ciência não impede o desenvolvimento empírico de certa atividade humana, que será apenas de caráter diferente e capaz de resolver uma quantidade mais limitada de problemas.[48]

Apesar da variedade de sistemas jurídicos que se cruzaram no tempo e no espaço, a história consolidou duas grandes *tradições jurídicas* no mundo ocidental: a romano-germânica (*civil law*) e a do direito comum (*common law*), em torno das quais se formaram os sistemas jurídicos da maior parte dos Estados contemporâneos.[49]

Embora uma evolução milenar tenha nos afastado da noção de direito que predominava ao tempo do Imperador Justiniano, que no século VI consolidou o *Corpus Juris Civilis*,[50] os sistemas jurídicos do continente europeu e dos outros países cujos direitos se inspiraram neles, por recepção ou por colonização, tiveram como base comum o direito romano, tal como foi concebido pelas escolas medievais.[51]

---

48. *Ibidem*, p. 18.

49. Cf. John Gilissen, *Introdução histórica ao direito*, Lisboa: Calouste Gulbenkian, 1988, p. 14. A locução *tradição jurídica* exprime um conceito de conteúdo mais amplo do que aquele identificado sob o designativo *sistema jurídico*. Enquanto o *sistema jurídico* consiste no conjunto operativo de instituições, procedimentos e regras legais, a *tradição jurídica* liga o sistema jurídico à cultura, do qual ele é expressão parcial. (Cf. John Henry Merryman, *La tradición jurídica romano-canónica*, México, Fondo de Cultura Económica, 1994, p. 17).

50. Cf. René David, *Os grandes sistemas do direito contemporâneo*, São Paulo, Martins Fontes, 1993, p. 24-35. "Justiniano teve duas grandes motivações quando ordenou a preparação, sob a direção do jurista Triboniano, do que conhecemos como o *Corpus Juris Civilis*. Primeiro, ele era um reacionário. Julgava decadente o direito romano de seu tempo e pretendia resgatar o sistema legal romano de vários séculos de deterioração e devolver-lhe a pureza e a grandeza de outrora. Em segundo lugar, ele era um codificador. A massa de materiais autorizados ou semiautorizados havia se tornado tão grande e tinha tantos refinamentos e pontos de vista diferentes que Justiniano estimou conveniente eliminar o que se revelara errado ou que fora obscuro ou repetitivo, resolver conflitos e dúvidas e organizar o que convinha conservar em alguma forma sistemática". (Cf. John Henry Merryman, *La tradición jurídica romano-canónica*, cit., p. 25-26).

51. "Tendo-se presente a história de Portugal e sua colonização, torna-se evidente a razão por que o Brasil segue o sistema jurídico romano... Quando o Condado Portucalense em 1140, com Afonso Henriques, separa-se da Espanha, o direito romano ocidental constitui a base do sistema jurídico dos dois países. Com a renovação dos estudos jurídicos promovidos pela Escola de Bolonha (séc. XI e XII), as leis de Portugal cada vez mais assumem um caráter romano e assim são as organizadas e ordenadas por Afonso V, em 1446, nas chamadas Ordenações Afonsinas. Ao direito romano se recorre diretamente

O processo de formação da cultura jurídica se manifesta ao longo da história em atitudes profundamente arraigadas sobre a natureza e o papel do direito na sociedade e sobre a forma como ele é produzido, aplicado e estudado. A tradição jurídica produz analogias importantes na legislação de nações da Europa e da América Latina, bem como concorre para a formação de uma identidade substancial na educação jurídica e na evolução doutrinária desses países.[52]

Um dos elementos constitutivos da tradição jurídica romano-germânica é a *ciência jurídica.*[53] Ainda que a designação de "ciência" provoque divergências desde o tempo dos romanos, o ataque mais incisivo contra a natureza científica do conhecimento jurídico desencadeou-se no século XIX. Nessa época, o extraordinário progresso da maioria das ciências levou a uma postura mental denominada *cientificismo*, que nelas vislumbrava o caminho para solucionar os problemas da humanidade. A ciência não era apenas um método de conhecimento e de domínio da natureza, mas também um saber de salvação que redimiria a humanidade de todas as suas misérias e a levaria à felicidade.[54]

O *cientificismo* apoiava-se em três premissas fundamentais. A primeira é que as ciências por excelência eram as matemáticas e as ciências da natureza, as únicas cujos métodos permitiriam chegar a uma certeza racional sobre a verdade de nossos conhecimentos e sobre as leis gerais que regem o universo. A segunda premissa é que as ciências experimentam um progresso, que se traduz tanto no aumento constante dos fatos

---

na falta de normas especiais. Diversa não é a situação, após as Ordenações Filipinas, pelas quais Felipe II, rei de Espanha e Portugal, substituiu em 1603 as ordenações anteriores. As Ordenações Filipinas foram confirmadas e revalidadas pela lei de 20 de janeiro de 1643, quando Portugal reconquistou a sua independência da Espanha (1640) e vigoraram no Brasil até o ano de 1916. O Código Civil Brasileiro, que passou a viger a partir de 1º de janeiro de 1917, foi redigido de acordo com os princípios romanísticos hauridos nas Ordenações Filipinas e segundo o sistema dos mais modernos códigos (sobretudo o *Bürgerliches Gesetzbuch)* diretamente inspirados no direito romano". (Cf. Alexandre Corrêa e Gaetano Sciascia, *Manual de direito romano*, São Paulo, Revista dos Tribunais, 1988, p. 13-14).

52. Cf. Angel Latorre, *Introdução ao direito*, Lisboa: Almedina, 1978, p. 141-142.

53. Em todo momento da história da tradição jurídica romano-germânica, vários pontos de vista estarão competindo entre si, mas um ou outro sempre tenderá a dominar. Em nosso tempo, ainda predomina uma das escolas de pensamento mais poderosas da história da tradição jurídica. É a *ciência jurídica*, que foi criada pelos juristas alemães da segunda metade do século XIX e que evoluiu a partir das ideias de Savigny. (Cf. John Henry Merryman, *La tradición jurídica romano-canónica*, cit., p. 120).

54. Cf. Angel Latorre, *Introdução ao direito*, cit., p. 127.

que conhecemos quanto no aperfeiçoamento dos métodos dirigidos à sua investigação e interpretação. E a terceira premissa é que o avanço científico seria uma das principais causas de melhoria de vida da humanidade em geral.[55]

Essa concepção de ciência colocou em dificuldade os saberes que não eram naturais ou matemáticos. Enquanto a história, por exemplo, pode usar métodos e finalidades que salvaram a sua dignidade científica, a doutrina jurídica fazia um papel lastimoso. Dizia-se que vinculada à legislação, que muda conforme a vontade do legislador, a obra do jurista seria efêmera. Submetido ao capricho do legislador, o jurista não poderia descobrir nada de real e permanente. Ao fazer do contingente o seu objeto, a ciência do direito também se tornava contingência. "Três palavras retificadoras do legislador convertem bibliotecas inteiras em lixo", sentenciou o jurista alemão Von Kirchmann em 1848.[56]

A ciência jurídica parecia ser uma fonte perpétua de discussões e debates que pouco contribuía para o progresso da humanidade. Em face dos padrões do século XIX, a palavra "ciência" traduzia uma simples metáfora para designar a atividade dos juristas, sem que lhe fosse atribuída significação autêntica.

O reconhecimento do caráter científico do direito é resultado da superação de alguns dos preconceitos e das preocupações que marcaram o pensamento do século XIX. Modificou-se o conceito e o sentido do que é ciência. As velhas ambições científicas do século XIX foram descartadas. As ciências da natureza não aspiram mais a explicar o mundo com caráter geral, propondo-se apenas a oferecer conjuntos de esquemas conceituais cuja verificação se busca na realidade. Também o abandono pelas ciências humanas da linha de imitação dos métodos das ciências naturais, bem como o desenvolvimento das ciências sociais ao longo do século XX, contribuiu para tornar o conceito de ciência mais elástico.[57]

---

55. *Ibidem*, p. 128.
56. *Ibidem*, p. 129-133.
57. *Ibidem*, p. 137.

Por essa perspectiva é possível falar em uma *ciência jurídica*, a atividade intelectual cujo objeto é o conhecimento racional e sistemático dos fenômenos jurídicos. Ainda que as normas jurídicas mudem com frequência, não devemos exagerar o caráter arbitrário do direito. Não é comum que um sistema jurídico se transforme de maneira brusca. Na base da legislação, persiste uma *tradição doutrinária* que é formada por métodos, sistemas e conceitos, que se mantém através dos tempos e se modifica muito lentamente.[58]

A tradição condiciona o legislador, que não pode deixar de utilizar as técnicas habituais em sua época e lugar. Mesmo nos períodos de grandes alterações legislativas essa continuidade não foi interrompida. A legislação da Revolução Francesa foi feita com a técnica dos juristas do Antigo Regime, reproduzindo em vários campos a doutrina por eles elaborada. Fenômeno semelhante se verificou na Revolução Russa, que, apesar de romper com outras tradições culturais, não se afastou tão radicalmente da tradição jurídica.

A razão dessa persistência é que uma ciência jurídica não se improvisa. Ela é adquirida por meio de uma educação específica que transmite seus métodos através das gerações. Por mais radicais que sejam as opções políticas, as mudanças legislativas não fogem dos hábitos mentais, dos usos terminológicos, da linguagem, dos conceitos e métodos que formam a tradição doutrinária.[59]

---

58. *Ibidem*, p. 141.

59. Cf. Giovanni Verde, *Profili del processo civile*, Napoli, Jovene, 1988, p. 16. O reconhecimento da força da tradição doutrinária não significa dizer que as categorias do discurso jurídico pertençam à "natureza das coisas" ou a noções eternas de justiça ou de razão jurídica. Embora alguns conceitos pareçam existir por muito tempo, o aprofundamento da interpretação mostra que, por baixo da superfície da continuidade terminológica, existem rupturas decisivas no significado semântico. O significado da mesma palavra, nas suas diferentes ocorrências históricas, está intimamente ligado aos diferentes contextos, sociais ou textuais, de cada ocorrência. Por detrás da continuidade aparente na superfície das palavras está escondida uma descontinuidade radical na profundidade do sentido. E esta descontinuidade semântica frustra por completo essa pretensão de uma validade intertemporal dos conceitos embebidos nas palavras, mesmo que estas permaneçam. Antonio Hespanha aponta alguns exemplos dessa falsa continuidade: "O conceito de *família*, embora use o mesmo suporte vocabular desde o direito romano (*familia*), abrangia não apenas parentelas muito vastas, mas também não parentes (como os criados ou os escravos [famuli]) e até os bens da 'casa'. O conceito de obrigação como 'vínculo jurídico' parece com o direito romano; mas era entendido num sentido material, como uma vinculação do corpo do devedor à dívida, o que explicava que, em caso de não cumprimento, as consequências caíssem sobre o corpo do devedor ou sobre sua liberdade (prisão por dívidas). A palavra 'Estado' (status) era utilizada em relação aos detentores

Em nosso tempo, apesar das inevitáveis divergências doutrinárias em torno do *objeto* e dos *métodos* da ciência do direito, é possível identificar algumas premissas em torno das quais há uma coincidência quase que unânime entre os juristas. A primeira é que a ciência jurídica não pode nem deve abandonar a tarefa tradicional de elaborar e sistematizar conceitos. Assim como temos de evitar os males da excessiva formalização que aliena da experiência, temos também de afastar os riscos do casuísmo que pulveriza e debilita a ciência jurídica.[60] A segunda premissa é que o jurista não pode limitar sua atividade intelectual à consideração puramente conceitual. Ele há de ter em conta a realidade social e política em que o sistema jurídico se integra, a maneira como surge na prática e de que forma ele atua. Em terceiro lugar, o jurista deve indagar a respeito das finalidades perseguidas pelo sistema jurídico. A dogmática não é um fim em si mesmo, mas um instrumento cuja destinação é aprimorar a compreensão e a aplicação das normas jurídicas em direção ao objetivo de justiça perseguido pelo Estado de direito.[61]

7. A evolução metodológica no direito processual: do direito romano à escola germânica do século XIX

Ao longo dos séculos, várias foram as formas de ver e entender a experiência jurídica. No direito processual, são identificados três grandes momentos na forma de compreensão dos sistemas de solução de conflitos da tradição jurídica romano-germânica, que são o *sincretismo*, o *conceitualismo* e o *acesso à justiça*.[62]

---

do poder (status rei romanae, status regni); mas não continha em si as características conceituais do Estado (exclusivismo, soberania plena), tal como nós o entendemos. A propriedade já foi definida pelos romanos como uma faculdade de 'usar e abusar das coisas'; mas a própria ideia de 'abuso' leva consigo esta outra de que existe um uso normal e devido das coisas, que se impõe ao proprietário, o que exclui a plena liberdade de disposição que caracterizou, mais tarde, a propriedade capitalista". (Cf. Panorama histórico da cultura jurídica europeia, Lisboa: Europa-America, 1997, p. 19).

60. Cf. Miguel Reale, *Lições preliminares...*, cit., p. 322.

61. Cf. Angel Latorre, *op. cit.*, p. 204.

62. Cf. Cândido Rangel Dinamarco, "Os institutos fundamentais do direito processual", *in Fundamentos do processo civil moderno*, São Paulo: Revista dos Tribunais, 1986, p. 38-83.

O *sincretismo* estendeu-se desde o direito romano até a segunda metade do século XIX, quando a escola germânica fundou o direito processual como ramo autônomo da ciência jurídica. Denomina-se *sincretismo* em virtude do traço mais marcante dessa abordagem, que é a ausência de diferenciação no exame de institutos que, em nosso tempo, situamos em dois planos distintos, o do direito material e o do direito processual.[63]

A jurisdição teve prioridade cronológica sobre a legislação na Roma Antiga. Nos períodos iniciais da sociedade romana, não existia um catálogo genérico de direitos nem a promessa de proteção a qualquer situação jurídica. A um Estado ainda em formação era mais fácil impor uma decisão a dois litigantes do que submeter toda a sociedade aos comandos gerais e abstratos que caracterizam uma lei.[64]

---

63. Cf. Ada Pellegrini Grinover, *Teoria geral do processo*, cit., p. 49.

64. Cf. Cândido Rangel Dinamarco, "Institutos fundamentais do direito processual", *in Fundamentos...*, cit., p. 48. A economia tem uma importância considerável nos costumes coercitivos dos povos primitivos. Os povos caçadores, coletores e pastores costumam dar pouca importância à propriedade. A intensa mobilidade torna difícil acumular riquezas. Além disso, a incerteza da economia faz da divisão uma grande virtude. Uma acumulação imensa de bens materiais pode ser mal vista pela maioria das pessoas e, sem instituições para proteger a propriedade privada, o excesso de bens pode ser simplesmente retirado e dividido. Para os povos nômades, a terra é livre como o ar. Um bando pode ter um local de caça conhecido e sentir que tem direitos exclusivos de nele caçar. Mas o conceito de posse de terra em si mesmo não é realmente compreensível para os nômades e, certamente, também o de posse individual. Por outro lado, todas as sociedades têm problemas com o que se poderia chamar de direito familiar. É por isso que todas elas possuem uma série de normas sobre o que é certo e errado. Quem se sente prejudicado pelas normas da cultura jurídica pode tentar obter o apoio da família ou do grupo social. Se bem sucedido, a comunidade como um todo pode sancionar o infrator. Em caso diverso, o recurso à violência pode irromper um conflito que pode levar à fragmentação da sociedade. Isso tem uma inferência política: as sociedades dotadas de mecanismos eficazes para resolver suas disputas tendem a ser mais poderosas politicamente do que aquelas que estão em estado de constante fragmentação. Com a revolução agrícola, surgem outros problemas. A maior estabilidade no espaço implica a possibilidade de acumular riqueza. A terra transforma-se na base da produção e sua posse torna-se essencial. As disputas pela terra passam a ser uma grande questão social, assim como são a herança de terras e de outros bens. É muito difícil para o agricultor que investiu em trabalho em casas e campos simplesmente parar de trabalhar e ir embora. O conflito violento é extremamente destruidor. Muitas pessoas podem ser mortas e lares e campos destruídos. Quanto mais elaborado o sistema de agricultura, o uso de cavalos, irrigação, mais temido se torna o conflito com possibilidade de violência e destruição. Por isso, há forte pressão econômica para desenvolver mecanismos de conciliação e solução de disputas. Esta era a função principal do direito nas sociedades agrárias. A justiça verdadeira do litígio era menos importante do que a harmonização entre os litigantes, a satisfação da comunidade com a decisão, o fim da violência. É a razão por que nas sociedades agrárias se desenvolveu o uso de meios aparentemente irracionais de resolver disputas, como os ordálios e os oráculos. Max Weber considerava "irracionais" essas formas de julgamento. Num sentido formal e científico, eram mesmo desprovidos de razão. A justiça era feita sem o exame dos fatos, mas o processo era socialmente racional no sentido de que solucionava a disputa, salvando a integridade do grupo social. E a crença de que a solução viera dos deuses aumentava a força da decisão. Nas sociedades

Como explica Enrico Tullio Liebman,

> Aos juristas romanos era desconhecido o conceito de direito subjetivo, tal como foi elaborado em tempos muito mais recentes. Eles conheciam apenas a *actio*, que era o meio jurídico para cada um pedir a satisfação de suas pretensões. Para dizer que a Tício tocava um direito, diziam que lhe tocava a *actio*. Toda a evolução do direito clássico fez-se através da ampliação e enriquecimento das figuras das ações. O pretor, artífice dessa evolução, concedia a ação em casos sempre mais numerosos, em que pelas regras estritas do *ius civile* ela não seria devida. O sistema jurídico dos romanos era concebido e se desenvolveu em função do processo e dos meios que este oferecia para a tutela dos interesses dos vários sujeitos.[65]

Nos dois períodos da *ordo iudiciorum privatorum* – *legis actiones* e *per formulas* –, que correspondem ao período clássico do direito romano, a aceitação da decisão resultava de um *contrato* celebrado pelos litigantes, denominado *litiscontestatio*. Tanto a instauração do processo quanto a legitimação de seus resultados estavam subordinados à vontade dos litigantes e não à inevitabilidade do poder do Estado, como acontece em nossos dias. Apenas durante o Império, com o reforço da autoridade em detrimento da esfera de disposição dos indivíduos, é que a *litiscontestatio* perde o sentido contratual que tinha nos primórdios.[66]

---

sem Estado não há mecanismo para executar a decisão do juiz, como não havia para o juiz romano. A única autoridade do juiz é a de um agente da comunidade, o que pode ser considerável. Mesmo assim, é difícil comparar a força da comunidade ao Estado. A comunidade é um grupo de pessoas em convivência e trabalho comum, agindo para o bem estar do grupo, sem distinção de classes. O Estado já mostra maior complexidade. O requisito essencial para a existência do Estado é a presença de uma força policial para fazer cumprir as decisões dos juízes. A essa altura, já não estamos tratando de sociedades simples, mas de um Estado em ação. (Cf. Robert Wheaver Shirley, *Antropologia jurídica*, *op. cit.*, p. 46-53).

65. Cf. Enrico Tullio Liebman, *Manual de direito processual civil*, cit., p. 148.

66. Costuma-se dividir o processo romano em três grandes períodos: o das *legis actiones*, o *per formulas* e o da *extraordinaria cognitio*. O primeiro se estendeu desde a fundação de Roma até os fins da República. O segundo, que com o anterior formou a *ordo iudiciorum privatorum*, foi introduzido pela *lex Aebutia* (149-126 a.C.) e oficializado pelas *leges Juliae*, do ano de 17 a.C. De modo esporádico, teve aplicação até a época de Diocleciano (294 d.C.). E o terceiro período foi instituído com o advento do Principado e vigeu, com profundas modificações, até os últimos dias do Império do Ocidente. (Cf. José Rogério Cruz e Tucci, *A "causa petendi" no processo civil*, São Paulo: Revista dos Tribunais, 1993, p. 21-22). A *cognitio extra ordinem* "caracterizou-se pela invasão de área que antes não pertencia ao pretor: contrariando a ordem estabelecida, passou a conhecer ele próprio do mérito dos litígios entre

No período clássico, o processo dividia-se em duas etapas. A primeira transcorria perante o magistrado, órgão do Estado, e a segunda perante o juiz privado. Após delimitar antecipadamente as consequências jurídicas das pretensões dos litigantes, o magistrado encaminhava a solução do litígio para o juiz. A ele competia verificar a realidade dos fatos aduzidos pelas partes, aplicar-lhes os princípios de direito indicados pelo magistrado e pôr fim ao litígio mediante sentença.[67]

Os poderes exercidos pelo juiz privado na *actio* eram bem mais limitados do que os poderes que o magistrado exercia no *interdictum*. As relações meramente obrigacionais conduziam as partes à *actio*, com o juízo privado, de conteúdo indenizatório. Enquanto ao juiz privado incumbia proferir a sentença condenando ou absolvendo, mas vinculado às balizas definidas pelo magistrado, este possuía um poder ignorado pelo juiz privado, que era o *imperium*, exercido nos interditos e destinado a amparar as relações jurídicas mais importantes no direito romano, pertinentes aos direitos absolutos.[68]

A importância dessa dualidade pode ser avaliada na medida em que a *condemnatio* consistia *sempre* no pagamento de uma *quantia de dinheiro*, qualquer que fosse o objeto do processo, ao passo que por meio do *imperium* o magistrado poderia impor determinada conduta, mandando fazer ou deixar de fazer alguma coisa.[69] Ele contava com a ameaça de punições

---

os particulares, proferindo sentença inclusive, em vez de nomear ou aceitar a nomeação de um árbitro. Essa fase completou o ciclo histórico da evolução da chamada *justiça privada* para a justiça pública". (Cf. Ada Pellegrini Grinover, *Teoria geral do processo*, cit., p. 26).

67. Cf. Corrêa e Sciasia, *op. cit.*, p. 76.

68. Cf. Galeno Lacerda, "Mandados e sentenças liminares", *in Revista Forense*, nº 263, 1971, p. 15. "O procedimento, para a prolação do interdito, começava com o comparecimento do interessado perante o magistrado, a quem expunha as razões que o levavam a invocar a tutela de um interesse que não dispunha de ação no *ius civile*. Da mesma forma que para a incoação da ação, providenciava o magistrado a citação da pessoa contra quem se pedia o interdito. Da exposição, e dos elementos de informação que a instruíam, ou não raro, após prévia produção de provas, tinha o magistrado uma formal e sumária *causae cognitio*, donde resultava a sua decisão, denegando o interdito (*denegatio interdicti*) ou concedendo-o (*edictio interdicti*). A desobediência ao *edictio interdicti* correspondia à violação da lei, no sentido de violação do *imperium*. (Cf. Moacyr Amaral Santos, *Ações cominatórias no direito brasileiro*, São Paulo: Saraiva, 1958, p. 45-46).

69. Quanto ao objeto, os interditos podem ser classificados em três grandes categorias, envolvendo *a)* direito sucessório, *b)* relações de senhorio e gozo de coisas públicas ou privadas, ou relações de garantia e, por fim, *c)* visando a tutela da liberdade pessoal, especialmente no que dizia respeito às relações de família. "Enquanto o interdito consistia numa ordem para as partes, com solução concreta do litígio, o mandado formulário, na *actio*, se traduzia numa ordem para o juiz privado, com declaração meramente abstrata do direito em tese, a exigir o comparecimento de ambas as partes, *in jure*, na *litiscontestatio*. No

severas, de ordem patrimonial e pessoal, como é exemplo a infâmia – *capitis deminutio* – que privava o devedor de muitos de seus direitos, como o direito de voto e de acesso a funções públicas, o direito de falar em juízo ou de intentar ações populares, de contrair matrimônio com pessoa de família elevada etc.[70]

Com o declínio do Império do Ocidente, o poder político se dispersou em inúmeras entidades. Ao mesmo tempo em que o direito medieval era local ou regional, manifestando-se através de costumes e cartas, também era cosmopolita e supranacional em função da persistência do direito romano, cujo estudo foi resgatado a partir do século XII nas primeiras universidades.[71] As constantes lacunas e a inexistência de critérios claros para suprir a ausência de regulação específica dos direitos locais tornavam o direito romano um exemplo de sistema jurídico completo, razão pela qual ele exercia o papel de *direito comum*, suprindo como fonte supletiva

---

primeiro caso, cognição completa da lide, *in jure*, pelo pretor; no segundo, a cognição dos fatos *in judicio*, confiada ao árbitro particular. Daí, a natureza eminentemente publicística do mandado interdital, em contraposição com o caráter privado da sentença arbitral." (Cf. Galeno Lacerda, Mandados e sentenças liminares, cit., p. 14-15).

70. Cf. Calvão da Silva, *Cumprimento e sanção pecuniária compulsória*, Coimbra: Almedina, 1987, p. 211.

71. Cf. R. C. Van Caenegen, *Uma introdução histórica ao direito privado,* São Paulo, Martins Fontes, 1995, p. 2. A criação da família romano-germânica está ligada ao renascimento que se produz nos séculos XII e XIII no Ocidente europeu. "A sociedade, com o renascer das cidades e do comércio, toma de novo consciência de que só o direito pode assegurar a ordem e a segurança necessárias ao progresso. O ideal de uma sociedade cristã fundada sobre a caridade é abandonado; renuncia-se à criação na Terra da cidade de Deus... O movimento que se produz nos séculos XII e XIII é tão revolucionário quanto será no século XVIII o movimento que procurará substituir a regra do poder pessoal pela democracia... O meio principal pelo qual as novas ideias se espalharam, favorecendo o renascimento do direito, foi constituído pelos novos focos de cultura criados no Ocidente europeu; uma função essencial pertence às universidades, das quais a primeira e a mais ilustre foi, na Itália, a Universidade de Bolonha... O ensino do direito romano, ministrado nas universidades, sofreu uma evolução; várias 'escolas' se sucederam, tendo cada uma as suas preocupações e os seus métodos próprios. Uma primeira escola, a dos *glosadores,* procurou reencontrar e explicar o sentido originário das leis romanas... Com a escola dos *pós-glosadores,* no século XIV, uma nova tendência se manifesta e um trabalho muito diferente é realizado: o direito romano é devidamente expurgado, submetido a distorções; presta-se a desenvolvimentos inteiramente novos. Os juristas já não procuram encontrar soluções romanas, mas se preocupam em utilizar os textos do direito romano para introduzir e justificar regras adaptadas à sociedade do seu tempo. Nos séculos XIV e XV, ensina-se, sob o nome de *usus modernus Pandectarum,* um direito romano profundamente deformado, especialmente sob a influência das concepções do direito canônico; segundo o método escolástico, apresentam-se, sobre as diferentes questões, as opiniões de Bartolo, de Balde, de Azo e de diversos outros pós-glosadores e procura-se encontrar assim a solução justa do problema, tomando em consideração a *communis opinio doctorum.*" (Cf. René David, *Os grandes sistemas do direito contemporâneo,* São Paulo: Martins Fontes, 1993, p. 24-35).

as frequentes lacunas dos precários sistemas jurídicos existentes em cada região.[72]

A fragmentação do poder político tornou a organização judiciária complexa e variada em função da pluralidade de direitos e de jurisdições feudais, senhoriais, eclesiásticas. Elas se organizavam conforme a região e de acordo com as relações de força entre os detentores do poder político.[73] No cenário de dispersão da autoridade, a *litiscontestatio* renasceu como forma de declaração de vontade das partes, sem a qual o juiz não poderia proferir a sentença.[74]

O *princípio da escritura* foi um dos aspectos fundamentais do *direito comum* que floresceu nas primeiras universidades a partir do século XII e que predominou por toda a Europa continental até o século XVIII. O processo era considerado "coisa das partes". Os litigantes dominavam o *objeto* do litígio e as regras destinadas a fixar os termos e as modalidades do processo. Ao juiz, nenhum poder correspondia de intervir sobre esses temas, incumbindo-lhe julgar somente com base nos escritos, sem jamais entrar em contato direto com as partes e testemunhas.[75]

Na Baixa Idade Média, começa o movimento de formação do Estado Moderno. O enfraquecimento político e econômico dos velhos quadros sociais, aliado à participação da burguesia nascente e das novas nobrezas no cenário político, permitiu ao monarca manter um exército nacional

---

72. "Os juristas medievais justificavam formalmente a validade do direito romano poderando que esse era o direito do Império Romano que tinha sido reconstituído por Carlos Magno com o nome de Sacro Império Romano; este raciocínio não levava em conta a solução de continuidade que se havia verificado entre o Império Romano do Oriente (bizantino) e o Império Romano do Ocidente (germânico). Mas o verdadeiro fundamento da validade do direito romano era outro: decorria de considerar tal direito como *ratio scripta*, isto é, como um conjunto de regras racionalmente fundadas..." (Cf. Norberto Bobbio, *O positivismo jurídico*, cit., p. 30-31).

73. Cf. John Gilissen, *Introdução histórica ao direito*, Lisboa: Calouste Gulbenkian, 1979, p. 382.

74. Cf. Alfredo di Iorio, *Lineamentos de la teoria geral del derecho procesal*, Buenos Aires: Depalma, 1995, p. 8-10.

75. Cf. Mauro Cappelletti, "Publicización, oralidad, socialización", *in El proceso civil en el derecho comparado – las grandes tendências evolutivas*, Buenos Aires: Europa-America, 1973, p. 50. "La razón histórico-sociológica del triunfo, en el medievo, del sistema de la escritura, ha de verse probablemente en la falta, precisamente, en aquellos tiempos, de una 'gran' magistratura. Lo deja comprender con bastante claridad precisamente la famosa decretal del Papa Inocencio III, del año 1216, esto es, aquella decretal que ha señalado el definitivo triunfo del principio de la escritura en el proceso canónico. En ella se dice que el principio de la escritura, en base al cual todo acto procesal debía resultar por escrito y el juez no podía juzgar más que sobre la base de los escritos (*acta*, o sea *acta scripta*), estaba dirigido a proteger a las partes 'contra falsam assertionem iniqui judicis', contra la iniquidad y la falsedad, en suma, del juez deshonesto". (Cf. Mauro Cappelletti, "Publicidad, oralidad, socialización", cit., p. 50-54).

permanente, formar um quadro de funcionários e estabelecer a unidade monetária e tributária.[76] Ao consolidar os meios necessários para submeter os indivíduos à obediência e transformá-los em súditos, o monarca concentrou poderes absolutos e passou a perseguir o monopólio do poder de criar o direito.[77]

No final do século XVIII, sob influência do Iluminismo, eclodem as revoluções que levaram ao triunfo do Estado de direito, que surge da luta política da burguesia contra o Estado absolutista e os resquícios do feudalismo. O Estado de direito representou o êxito do projeto de subordinação do poder político a regras impessoais e objetivas, destinadas a evitar o arbítrio dos governantes e a assegurar a igualdade jurídica, a liberdade individual e a propriedade privada.[78]

No Antigo Regime, não havia uma separação clara entre o direito do passado e do presente. A solução dos conflitos era feita com base em costumes, leis, decisões judiciais e opiniões de juristas procedentes de épocas muito diversas, cujo conteúdo nem sempre resultava claro.[79] Com o êxito da Revolução Francesa, começou o ciclo das grandes codificações, que assinalou o término da convivência entre o direito comum, fundado no direito romano, e o direito posto pelo Estado, que o absorveu integralmente.[80]

O objetivo da codificação era a construção de um direito baseado em leis racionais perfeitas, que viria a substituir o emaranhado de normas e opiniões procedentes de épocas muito distintas.[81] O primeiro desses "corpos legislativos gerais racionalmente organizados" foi o Código Civil de Napoleão,

---

76. Cf. Édouard Perroy, *História geral das civilizações*, VIII, São Paulo: Bertrand Brasil, 1994, p. 154.
77. Cf. Norberto Bobbio, *O positivismo jurídico – Lições de filosofia do direito*, São Paulo: Ícone, 1995, p. 27.
78. Cf. Manoel Gonçalves Ferreira Filho, *Direitos humanos fundamentais*, São Paulo: Saraiva, 1995, p. 2-3.
79. Cf. Bruno Aguilera Barchet, *Introducción jurídica a la historia del derecho*, Madrid: Civitas, 1994, p. 23.
80. Cf. Norberto Bobbio, *O positivismo jurídico*, cit., p. 32.
81. Cf. Bruno Aguilera Barchet, *op. cit.*, p. 23. "As descrições que autores como Sombart e Weber fizeram do burguês, e de seu racionalismo prático, metódico, cauteloso, podem ser (com certas ressalvas) projetadas sobre a vida institucional que se abre após as revoluções burguesas. O direito *escrito*, superando o *costumeirismo* medieval, unifica os ordenamentos, torna as normas conhecidas, consagra a demarcação estatal da ordem vigente e propicia um tipo novo de relações entre teoria e prática. A cautela burguesa, que é apontada na contabilidade e nos orçamentos, aparece também na sequenciação dos códigos, na igualitarização formal dos ordenamentos e nas constituições, que declaram direitos e demarcam poderes. Todo um padrão *legalista* passa a dominar a estrutura e o sentido da experiência jurídica". (Cf. Nelson Saldanha, *O estado moderno e o constitucionalismo*, São Paulo: Bushatsky, 1976, p. 58-59).

de 1804.[82] Com ele, abriu-se caminho para a codificação na maior parte dos países europeus, em ciclo que se encerrou em 1º de janeiro de 1900 com a promulgação do *Bürgerliches Gesetzbuch*, o Código Civil da Alemanha.[83]

De acordo com o espírito racionalista da época, representado pela Escola da Exegese, acreditava-se que os códigos regulariam todas as relações sociais, de forma que os juízes não teriam necessidade nem mesmo de interpretar as leis. Com essa ambição, a burguesia assegurava a fonte de seu poder, que era a edição de leis, impedia que elas fossem modificadas por meio da interpretação dos juízes e assegurava a certeza do direito, valor estratégico para o progresso do capitalismo.[84]

Até o triunfo das revoluções burguesas, o sistema de solução de conflitos se caracterizava pela pluralidade de jurisdições, pela arbitrariedade dos juízes e pela excessiva complicação das formas processuais. A ruptura definitiva com o Antigo Regime se traduziu na monopolização e na consequente burocratização da função judiciária, na submissão do juiz à lei e no dever de motivação das decisões. O juiz se tornava funcionário do Estado e passava a integrar uma estrutura burocrática que deixava pouco espaço para o arbítrio e para a incerteza.[85]

A burocracia judiciária se desenvolveu de maneira paralela à escalada de regulamentação do procedimento, adotado como forma racional de disciplina do exercício do poder público.[86] Como sequência lógica de atos formais dirigidos a uma decisão, o procedimento exprimia o produto conceitual da racionalização do poder organizado de maneira burocrática, a forma moderna de administração caracterizada pelo exercício regulado das

---

82. Cf. Karl Engish, *Introdução ao pensamento jurídico*, Lisboa: Fundação Calouste Gulbenkian, 1983, p. 206.
83. Cf. Bruno Aguilera Barchet, *op. cit.*, p. 24-28.
84. Conforme assinala Alfredo di Iorio, "La burguesia, clase predominante en la asamblea, advertía que su poder no contaba con el apoio de las otras clases sociales y que todo su poder se reducía al que le otorgaba la posibilidad de dictar las leyes. En éstas, y conforme al espíritu racionalista de la época, se consideraba que se resumía la regulación de todas las relaciones sociales y, por consiguiente, los jueces no tenían necesidad de intepretala. Pero en tanto los cargos de jueces estaban en poder de una clase social de la cual se desconfiaba, se trató de impedirles la modificación de la ley por vía de interpreación. Por ello se creó un recurso de casación. Se advierte claramente que no impulsaba a los legisladores la necesidad de preservar la justicia del caso individual, sino el de mantener incólume su fuente de poder: la ley". (Cf. *Lineamientos de la teoria general del derecho procesal*, Buenos Aires: Depalma, 1995, p. 13).
85. Cf. Vittorio Denti, *La giustizia civile*, Bolonha: Il Mulino Editor, 1989, p. 22.
86. Cf. José Reinaldo de Lima Lopes, *O direito na história*, São Paulo, Max Limonad, 2000, p. 261.

funções, com competências claramente definidas mediante a organização hierárquica dos cargos dos funcionários.[87]

Com a consolidação do Estado de direito, o procedimento foi adotado para controlar todas as funções públicas.[88] Começava o *procedimentalismo* da escola francesa, que representou a transição entre a prática judicial do Antigo Regime e o período científico da escola germânica. O processo passa a ser concebido como o conjunto de formas destinadas a evitar o arbítrio, a desordem e a confusão na administração da justiça.[89] Assim como a disciplina do Código Civil tinha por função garantir a atuação das "regras do jogo" da sociedade burguesa, as normas processuais deveriam garantir a paridade formal de armas no duelo judiciário.[90] Obedecendo a uma causa política, que foi a Revolução Francesa, e outra jurídica, que foi a codificação de Napoleão, o *procedimentalismo* rapidamente transcendeu as fronteiras francesas e influenciou a legislação de diversos países.[91]

Em 1816, são descobertas as *Institutas* de Gaius, que marcam a superação do *princípio da escritura* e a transição para um novo processo de base oral.[92] Por outro lado, o crescente nacionalismo dos países europeus rompe com a unidade representada pelo velho processo comum. Em 1850 surge o Código de Procedimento Civil de Hannover e, em 1898, por obra de Franz Klein, o Código da Áustria, cuja ideia central foi o princípio da oralidade. Aos poucos, a oralidade é incorporada pelas legislações europeias. Não como simples opção técnica, mas como reflexo da crescente publicização do processo, em que ganha centralidade a figura do juiz, que assume cada

---

87. Cf. Gian Enrico Rusconi, "Razionalità, razionalizzazione e burocratizzazione", *in Max Weber e l'analisi del mondo moderno*, Torino, Einaudi, 1981, p. 189-214.

88. Cf. Vittorio Denti, *La giustizia civile*, cit., p. 23.

89. Cf. Alcalá-Zamora y Castillo, *Estudios de teoría general e historia del proceso*, cit., p. 303.

90. O Código de Processo Civil francês de 1806 não tinha novidades em relação ao procedimento, mas sim pelo fato de ser um código completo e orgânico, que rompia com as fontes normativas do Antigo Regime e fixava uma disciplina geral e unitária do direito processual. (Cf. Vittorio Denti, *La giustizia civile*, cit., p. 22).

91. Cf. Alcalá-Zamora y Castillo, *Estudios...*, cit., p. 307.

92. Cf. Mauro Cappelletti, Publicidad, oralidad, socialización, cit., p. 60-61. Sobre a consagração do modelo da oralidade, ver também Vittorio Denti, *La giustizia civile*, cit., p. 26-28 e Boaventura de Souza Santos, "Introdução à sociologia da administração da justiça", *in A função social do judiciário*, org. José Eduardo Faria, São Paulo: Ática, 1989, p. 45.

vez mais poderes de direção do processo. A justiça deixa de ser assunto puramente privado, tornando-se interesse público.[93]

O avanço da autoridade do juiz em detrimento do poder de disposição dos litigantes se refletiu nas teorias elaboradas pela escola germânica na segunda metade do século XIX.[94] A polêmica entre os romanistas Bernard Windscheid e Theodor Müther revelou que a ação era um direito distinto do direito subjetivo. Ao contrário do que até então se imaginara, não se tratava de um direito imanente ao direito material, que surgia com a sua violação, como se fosse o direito armado para a guerra. Era um direito autônomo, um direito à tutela jurídica, cujo titular passivo era o Estado e não o adversário.[95]

O juiz já aparecia como o principal sujeito do processo, abrindo-se o caminho para o reconhecimento de que seu poder não derivava da vontade das partes, mas do sistema de poder político da sociedade.[96] Coube a Oskar von Büllow demonstrar que subjacente à sequência de atos que se exteriorizavam no procedimento existia uma relação jurídica de direito público, diferente da relação jurídica controvertida, com seus próprios *sujeitos*, *objeto* e *requisitos constitutivos* e de *validade*.[97]

Começava a fase científica dos estudos de direito processual. As instituições judiciárias passavam a ser examinadas de maneira sistemática, como categorias de direito público e não mais como um simples capítulo do direito privado.[98] Apoiado sobre as premissas fixadas pela escola germânica, influenciadas pelas ideias do *Pandectismo* – em especial a *neutralidade* e o *conceitualismo* –,[99] o estudo do direito processual afastava-se do

93. Cf. Fernando de la Rua, *Teoria general del proceso*, Buenos Aires: Depalma, 1991, p. 101.
94. Cf. Vittorio Denti, *La giustizia civile*, cit., p. 23-24.
95. Cf. Cândido Rangel Dinamarco, *"Institutos fundamentais..."*, cit., p. 54-56.
96. Cf. Alfredo di Iorio, *op. cit.*, p. 18.
97. Cf. Cândido Rangel Dinamarco, *"Institutos fundamentais..."*, cit., p. 52-54.
98. "El derecho procesal existe antes, muchísimo antes de Büllow. Sin remontarmos a Adán y Eva, y arrancando de sistemas jurídicos bien conocidos, su marcha podríamos, *grosso modo*, jalonarla así: *a*) Roma, *b*) Bolonia, el derecho común y la Recepción; *c*) la Revolución francesa y la codificacíon napoleónica, y *d*) Büllow (en la doctrina) y Klein (en la legislación). Dicho se está que esas fases o etapas no son compatimientos estancos, sino momentos capitales enlazados entre sí..." (Cf. Alcalá-Zamora y Castillo, *Estudios...*, cit., p. 293).
99. Cf. Carlo Augusto Cannata, *Historia de la ciencia jurídica europea*, cit., p. 199. "Em meados do século XIX, na Alemanha desenvolveu-se um poderoso movimento doutrinal, a chamada pandectística, cuja finalidade era a construção de conceitos jurídicos. Estes conceitos, tais como a herança, a propriedade

direito material para elaborar uma teoria adequada às conquistas científicas do final do século XIX.

Era o primeiro período metodológico do direito processual como ramo autônomo da ciência jurídica, ao qual se atribuiu o nome de *conceitualismo*. Enquanto a doutrina do período anterior dedicou-se à investigação da *anatomia* do fenômeno processual, o reconhecimento da autonomia conduziu ao interesse pela *fisiologia* do sistema processual.[100]

8. O positivismo jurídico e a "rebelião contra o formalismo" no pós-guerra

A TRADIÇÃO JURÍDICA ROMANO-GERMÂNICA ingressou no século XX dominada por uma concepção *positivista* da ciência jurídica, o que condicionou a maneira como o direito processual foi compreendido no período que se estendeu até o término da Segunda Guerra Mundial.[101]

O positivismo jurídico empenhou-se em transformar o estudo do direito numa verdadeira ciência, com as mesmas características das ciências naturais e matemáticas. O atributo fundamental da ciência é a distinção entre *juízos de fato* e *juízos de valor*, com a exclusão destes últimos do campo científico. A ciência afasta os juízos de valor porque deseja ser um conhecimento puramente *objetivo* da realidade e os juízos de valor são sempre *subjetivos* e, portanto, contrários à exigência de objetividade.[102]

---

ou o contrato, derivavam em princípio do direito positivo, mas o esforço intelectual dos juristas deveria chegar a dar-lhes um valor geral, independente da sua consagração em qualquer sistema. Procurava-se o conceito ou 'concepção dogmática' da herança em geral, aplicável a quantos direitos existem ou existiram. Tais conceitos convertiam-se assim em realidades supralegais e quase metafísicas, com vida própria e natureza autônoma. Dessa forma, o jurista fazia obra científica, pois sua tarefa não era avalizar os imprevisíveis ditados das leis, mas sim investigar o sistema dos conceitos jurídicos gerais, descobri-los. A ciência jurídica alemã, durante o século XIX e o primeiro terço do século XX, conseguiu assim um ar sério e respeitável, sob o ponto de vista científico". (Cf. Angel Latorre, *Introdução ao direito*, cit., p. 133-134).

100. Cf. Alcalá-Zamora y Castillo, *Estudios...*, cit., p. 309.

101. Cf. Bruno Aguilera Barchet, *op. cit.*, p. 81.

102. Cf. Norberto Bobbio, *O positivismo jurídico*, cit., p. 135-143. A teoria pura do direito é uma teoria que "quer única e exclusivamente conhecer o seu objeto. Procura responder a esta questão: O que é e como é o direito? Mas já não lhe importa a questão de saber como deve ser o direito, ou como ele deve ser feito. É ciência jurídica e não política do direito". (Cf. Hans Kelsen, *Teoria pura do direito*, São Paulo: Martins Fontes, 1985, p. 1).

Em nome da pureza científica, a ciência jurídica se reduziu ao estudo do direito positivo por um prisma exclusivamente dedutivo-analítico. O sistema jurídico passou a ser compreendido em perspectiva meramente descritiva, como *fato* e não como *valor.*[103] Toda proposição que não fosse positiva não era considerada científica, o que excluía qualquer indagação sobre a *eficácia* do sistema jurídico e sobre a *justiça.*[104] A tarefa do jurista se limitava cada vez mais à teorização e sistematização da dogmática.[105]

A abordagem positivista atuou de maneira favorável em toda a ciência jurídica. O aprimoramento da técnica contribuiu para a formação de sistemas jurídicos mais claros, o que favoreceu o ideal de segurança jurídica.[106] No direito processual, as grandes elaborações doutrinárias são justamente da primeira metade do século XX, momento em que as estruturas do sistema processual foram compreendidas e os conceitos largamente discutidos e amadurecidos.[107]

Como assinalou Barbosa Moreira, "O direito processual conta pouco mais de um século como disciplina jurídica de autonomia científica. Custou-lhe muito esforço edificar um sistema próprio de conceitos e princípios. Era natural que, ao longo de semelhante processo de amadurecimento, os maiores cuidados se dirigissem à construção de estruturas dogmáticas firmes. Tal prioridade refletia, aliás, o conceitualismo que reinava

103. "O fato novo que assinala a ruptura do mundo moderno diante das épocas precedentes é exatamente representado pelo comportamento diverso que o homem assumiu perante a natureza: o cientista moderno renuncia a se pôr diante da realidade com uma atitude moralista ou metafísica, abandona a concepção finalista da natureza, segundo a qual a natureza deve ser compreendida como pré-ordenada por Deus a certo fim, e aceita a realidade assim como ela é, procurando compreendê-la com base numa concepção puramente experimental. O positivista jurídico assume uma atitude científica frente ao direito já que, como dizia Austin, ele estuda o direito tal qual ele é, não tal qual deveria ser. O positivismo jurídico representa, portanto, o estudo do direito como fato, não como valor: na definição do direito deve ser excluída toda qualificação que seja fundada num juízo de valor e que comporte a distinção do próprio direito em bom e mau, justo e injusto. O direito, objeto da ciência jurídica, é aquele que efetivamente se manifesta na realidade histórico-social; o juspositivista estuda tal direito real sem perguntar se além deste existe também um direito ideal, como o direito natural, sem examinar se o primeiro corresponde ou não ao segundo e, sobretudo, sem fazer depender a validade do direito real da sua correspondência com o direito ideal". (Cf. Norberto Bobbio, *O positivismo jurídico*, cit., p. 135-136).

104. Cf. Karl Larenz, *Metodologia da ciência do direito*, Lisboa, Calouste Gulhenbian, 1989, p. 53.

105. Cf. Tércio Sampaio Ferraz Júnior, *A ciência do direito*, São Paulo: Atlas, 1980, p. 32.

106. Cf. Bruno Aguilera Barchet, *op. cit.*, p. 84.

107. Cf. Ada Pellegrini Grinover, "As garantias constitucionais no processo nas ações coletivas", *in Revista de Processo*, nº 43, 1986, p. 20.

quase absoluto no ambiente jurídico da época. O trabalho empreendido por espíritos agudíssimos levou a técnica do direito processual a requintes de refinamento e executou sobre fundações sólidas projetos arquitetônicos de impressionante majestade".[108]

O problema é que a abordagem meramente dogmática afastou o processualista da realidade social.[109] O direito processual perdeu-se no "éter puro" do mundo de conceitos do sonho de Rudolf von Jhering, desprezando os fatores de ordem social, econômica e política que diziam com a *eficácia* do sistema processual.[110] "A fascinante sutileza de certas elaborações parecia ter contrapartida menos admirável no ocasional esquecimento de que nem tudo devia resumir-se num exercício intelectual realizado sob o signo da 'arte pela arte' – ou, se preferir, da 'ciência pela ciência".[111]

Ao término da Segunda Guerra, desencadeou-se uma forte reação contra a separação entre a ciência jurídica e a prática.[112] Com o objetivo de superar a oposição entre o sistema jurídico e a realidade social, a produção jurídica da segunda metade do século XX orientou-se por uma atitude que Norberto Bobbio designou como *rebelião contra o formalismo.*[113]

---

108. Cf. Barbosa Moreira, "Tendências contemporâneas do direito processual civil", *in Temas de direito processual (Terceira série),* São Paulo: Saraiva, 1984, p. 1.

109. Cf. Tércio Sampaio Ferraz Jr., *Introdução ao estudo do direito,* cit., p. 83.

110. O afastamento do jurista da realidade foi um efeito perverso do positivismo não apenas no direito processual. Essa alienação foi comentada por Felix Cohen, em texto de 1935, sobre um sonho de Jhering: "Hace cincuenta años un gran jurista alemán tuvo un curioso sueño. Soño que había muerto y que era conducido a un paraíso especial reservado a los teóricos del Derecho. En este paraíso uno se encontraba, cara a cara con los numerosos conceptos de la teoria jurídica, en su absoluta pureza, liberados de toda concomitancia con la vida humana. Aquí se hallaban los espíritus incorpóreos de la buena y de la mala fe, de la propriedad, de la posesión, de la negligencia, y de los derechos *in rem.* Aquí se hallaban todos los instrumentos lógicos necesarios para manipulear y transformar estos conceptos jurídicos y, mediante ello, crear y resolver los más hermosos problemas del derecho. Aquí se encontraba una prensa hidráulica dialéctica para la interpretación, que podía extraer a presión un ilimitado número de significados de cualquier texto o ley. Las ilimitadas oportunidades de este paraíso de conceptos jurídicos estaban abiertas a todos los juristas propiamente calificados, siempre que los mismos bebieran el líquido léteo que provoca el olvido de todos los asuntos terrenos de los hombres. Pero para los juristas más expertos el líquido léteo era enteramente superfluo. Ellos nada tenían que olvidar." Concluia indagando: "En qué medida el pensamiento jurídico contemporáneo se mueve en el éter puro del paraíso de los conceptos jurídicos de von Jhering?" (Cf. *El metodo funcional en el derecho,* Buenos Aires: Abeledo-Perrot, 1961, p. 11-13).

111. Cf. Barbosa Moreira, *Tendências contemporâneas do direito processual civil,* cit., p. 1.

112. Cf. Bruno Aguilera Barchet, op. cit., p. 112; Angel Latorre, *Introdução ao direito,* cit., p. 135.

113. O filósofo assinala que, se tivesse que escrever um estudo sobre as orientações da teoria do direito depois da Segunda Guerra, não poderia resistir à tentação de fazer dele o título do livro de Morton White sobre a cultura norte-americana da época de F.D. Roosevelt: *a rebelião contra o formalismo* (Cf.

Uma das manifestações dessa tendência foi a teoria tridimensional de Miguel Reale, que propõe uma metodologia própria para a ciência jurídica, de caráter dialético, capaz de oferecer instrumentos para a análise abrangente do fenômeno jurídico, concebido como a unidade sintética de três dimensões fundamentais, que são o *fato*, o *valor* e a *norma*.[114]

Com a *crise do formalismo*, abrandou-se o rigor da concepção positivista, que defendia uma plena identificação do direito com o Estado e desprezava qualquer referência à noção de *valor*. Enquanto a concepção *forte* ou *extremista* do positivismo que dominou a primeira metade do século XX compreendia o direito como um *valor final*, a versão *fraca* ou *moderada* do pós-guerra, o *positivismo ético*, passa a concebê-lo como um *valor instrumental*, voltado para a realização de um valor maior. Ou seja, o fim do direito não é somente a instauração de uma *ordem jurídica*, mas de uma *ordem jurídica justa*, guiada pelos valores humanos inscritos nas constituições legítimas.[115]

El problema del positivismo jurídico, cit., p. 11). Sem pretender afastar de maneira definitiva as *críticas* e as *dúvidas* sobre a abordagem positivista, o professor Dimitri Dimoulis, da Escola de Direito de São Paulo, da Fundação Getúlio Vargas, indica três *certezas* sobre o positivismo jurídico em nosso tempo: “Primeiro. O positivismo jurídico não impede a avaliação moral, nem a crítica política ao direito, nem a pesquisa sociológica das possíveis causas e dos múltiplos efeitos dos sistemas jurídicos. Esse caminho da crítica deve ser seguido, vitalizando o positivismo no sentido do pragmatismo político. Segundo. Não é aconselhável demonizar o positivismo com acusações fantasiosas, contrapondo às realidades do mundo jurídico o quadro idílico de um direito justo e moralmente adequado, ou afirmando que o positivismo é uma teoria ultrapassada no momento em que se constata mundialmente sua vitalidade teórica. Terceiro. O objetivo do positivismo jurídico é entender os modos de funcionamento do direito, seguindo um caminho descritivo que tenta eliminar a subjetividade. Temos aqui a busca de um ideal de neutralidade que, mesmo se não puder ser atingido, não deve ser abandonado, como fazem muitos estudiosos, influenciados por um espírito pós-moderno e desconstrutivo, apesar da advertência do maior desconstrutivista na história da filosofia, Jacques Derrida (1930-2004), no sentido de não utilizar tais textos como pretextos de agnosticismo e de destruição. Derrida mostrou aos céticos e aos racionalistas que o desejo de justiça é onipresente, inafastável e, afinal de contas, ‘louco’. Nunca quer calar e não se intimida diante dos contínuos fracassos do direito positivo e das propostas políticas que se apresentam como justas. A justiça exprime uma ‘loucura’ porque nunca se realiza por meio da normatização jurídica, marcada pela estrutura social da desigualdade, da opressão e da violência. O espírito crítico e o questionamento de autoridades e de teorias devem permear a teoria juspositivista e sua avaliação. O positivismo não impede, nem deveria impedir, a expressão do nosso inconformismo do direito ‘como ele é’. Como talvez diria Derrida, a ausência de justiça confirma sua presença nas aspirações das mentes humanas com toda a sua crueldade e sentimentalidade. (Cf. *Positivismo jurídico*, cit., p. 271-274).

114. Cf. Tércio Sampaio Ferraz Júnior, *A ciência do direito*, cit., p. 38.

115. Cf. Norberto Bobbio, *O positivismo jurídico...*, cit., p. 230-231.

A pluralidade de valores é consubstancial à experiência jurídica. A ordem jurídica consagra valores como *paz, ordem, liberdade, igualdade, segurança, solidariedade, certeza.* A dialética da justiça é marcada pela busca da composição harmônica dos valores em cada momento histórico. A *justiça* – ensina Miguel Reale – é a condição primeira de todos os valores, o pressuposto de sua possibilidade como atualização histórica.

> Ela vale para que todos os valores valham. Não é uma realidade acabada, nem um bem gratuito, mas é antes uma intenção radical vinculada às raízes do ser do homem, o único ente que, de maneira originária, *é* enquanto *deve ser.* A justiça é tentativa renovada e incessante de harmonia entre as experiências axiológicas necessariamente plurais, distintas e complementares, *sendo, ao mesmo tempo, a harmonia assim atingida.*[116]

No cenário da segunda metade do século XX, o direito processual abria-se para outra dimensão da ideia de *instrumentalidade.* Apesar de clássica, ela era concebida em dimensão introspectiva, que compreendia o sistema processual como um *valor final*, sem espaço para qualquer consideração que superasse o limite *puramente* interno do funcionamento da técnica em face do objetivo jurídico da jurisdição.[117] Tomava-se consciência da insuficiência da tradicional abordagem pelo ângulo interno e da necessidade de se observar o sistema processual a partir de perspectivas externas, com os olhos do consumidor do serviço judiciário.[118]

---

116. Cf. Miguel Reale, *Lições preliminares...*, cit., p. 371.

117. Como explica Mauro Cappelletti, uma das primeiras e mais elementares noções do ensino do direito processual é a do caráter instrumental do processo como gênero e como espécie (Cf. "Ideologías en el derecho procesal", *in Proceso, ideologías, sociedad,* cit., p. 5). "Mas fica incompleta a afirmação e truncado o raciocínio se não for logo em seguida determinado o fim a que se destina esse meio, ou seja, a missão ou missões que o instrumento é chamado a realizar". (Cf. Cândido Rangel Dinamarco, "Escopos políticos do processo", *in Participação e processo,* São Paulo, Revista dos Tribunais, 1988, p. 116).

118. Cf. Cândido Rangel Dinamarco, *"Escopos políticos..."*, cit., p. 114; Mauro Cappelletti, "Acesso alla giustizia come programma de riforma e come metodo di pensiero", *in Rivista di Diritto Processuale,* 1982, p. 233-245.

9. A transição metodológica: o direito processual constitucional

A MUDANÇA DE ENFOQUE no direito processual está ligada ao nome de Piero Calamandrei. Em duas célebres intervenções – no discurso de abertura do Congresso Internacional de Direito Processual, em Florença, em 1950, e no México, em 1952 –, ele denunciou o divórcio entre a ciência processual e os escopos práticos da justiça. Assinalou que o mais grave pecado da ciência jurídica daqueles primeiros cinquenta anos do século XX foi ter separado o processo de seu escopo social, de tê-lo estudado como um território fechado, como um mundo em si, destacado de suas ligações com o direito material e com a justiça. Apesar disso, reafirmava a necessidade de prosseguir no estudo dogmático da técnica processual, não para favorecer "o estilo arquitetônico das abstratas construções sistemáticas, mas para servir aos homens, que têm sede de justiça".[119]

As inquietações do jurista florentino simbolizaram a abertura do caminho de transição de uma postura de indiferença ao problema da efetividade para uma abordagem em que o sistema processual passou a ser observado na perspectiva da função que desempenha na sociedade.[120] Nesse sentido, Vittorio Denti refere-se à transição para uma *teoria funcional* do processo. Com apoio na teoria de Norberto Bobbio, esclarece que "'funzione' non ha il significato proprio della partizione carneluttiana tra funzione e struttura (nell'ambito della quale 'funzione' designa l'efetto tipico dell'esercizio della

---

119. Cf. Vittorio Denti, "Diritto comparato e scienza processuale", *in Rivista di diritto processuale*, 1979, p. 358. "Nuestras construcciones teóricas son verdaderamente útiles a la justicia? Nuestro refinado conceptualismo sirve verdaderamente para lograr que las sentencias de los jueces sean más justas? Y el processo, que debería ser estudiado para hacer de él un instrumento adecuado a las exigencias de la sociedad, es verdaderamente el mecanismo de precisión, hecho de elegancias lógicas con las que teorizamos en nuestros tratados?" (Cf. *Processo y democracia*, Buenos Aires: Europa-América, 1960, p. 54-55).

120. Nas palavras de Augusto Morello, "al concluir la Segunda Guerra Mundial, o mejor, en los años cincuenta, se cierra una etapa de cientificismo procesal y se inicia un nuevo hito histórico en la búsqueda de alcanzar un servicio de la justicia más realista, humano, funcional y, por ende, eficiente. Al promediar esos años fue precisamente Calamandrei, a través de dos irradiantes exposiciones ('Processo y justicia' y 'Processo y democracia') quien mostró el agotamiento del ciclo precedente y el desafio al cambio de ruta frente al divorcio entre las rigorosas creaciones conceptuales de los sistemas procesales y el desencanto de los resultados de la Administración de Justicia." ("Las nuevas exigencias de tutela – experiencias y alternativas para repensar la política procesal y asegurar la eficacia del servicio", *in Revista de Processo*, nº 31, 1983, p. 210).

funzione giurisdizionale), ma indica la *funzione sociale* del processo".[121]

A consciência da ligação entre o sistema processual e as inúmeras condições políticas, sociais e econômicas do contexto em que a jurisdição é exercida se manifestou inicialmente no estudo das relações entre o processo e a Constituição.[122] Em clássico ensaio sobre as garantias constitucionais do processo civil, Eduardo Couture ressaltou que a legislação processual é a disciplina da garantia de justiça contida na Constituição.[123] Esse enfoque conferiu ao direito processual uma coloração política pouco usual ao pensamento da época: "A disciplina que por tanto tempo foi considerada a simples expressão da rotina forense é, em si mesma, o mais direto instrumento de realização da justiça."[124]

Em obra posterior – *"El debido proceso como tutela de los derechos humanos"* –, o jurista uruguaio examinou a tutela constitucional do processo como uma teoria destinada a fixar os fundamentos e as soluções que permitem estabelecer, frente a cada caso particular, mediante um critério geral de validade, se um processo projetado ou regulado pela lei é ou não idôneo e apto para cumprir os fins de justiça, segurança e ordem que a Constituição estabelece.[125]

Essas ideias exerceram importante influência renovadora no modo de ver e compreender o direito processual.[126] Como escreveu Enrico Tullio Liebman, o direito processual regula o exercício de uma das funções essenciais do Estado, que é a de fazer justiça e de assegurar a integridade e a

---

121. Cf. *Diritto comparato e scienza del proceso,* cit., p. 358.

122. Cf. Barbosa Moreira, "Os novos rumos do processo civil brasileiro", *in Revista de Processo,* nº 78, 1995, p. 134-135.

123. Cf. Eduardo J. Couture, *Estudios de derecho procesal civil,* I, Buenos Aires: Depalma, 1978, p. 19.

124. *Ibidem*, p. 94.

125. Cf. José Ovalle Favela, *Tendencias actuales...,* cit., p. 29.

126. Cf. José Ovalle Favela, "Tendencias actuales en el derecho procesal civil", *in Tendencias actuales del derecho,* org. José Luis Soberanes, México, Fondo del Cultura, s.d.e., p. 28. Antes disso, embora sem a influência do pensamento de Eduardo Couture, João Mendes Júnior já fazia entre nós a ligação entre processo e Constituição. Dizia que se a Constituição assegura a "inviolabilidade dos direitos concernentes à liberdade, à segurança individual e à propriedade", tais direitos encontram "nos atos e termos do processo" os meios "assecuratórios, consentâneos e adequados", com o que ligou o processo à Constituição. Aquele é meio e instrumento de se tornarem efetivos os direitos cuja inviolabilidade a Constituição assegura, pelo que cada ato do processo tem, como finalidade remota, "a segurança constitucional dos direitos". (Cf. "A nova fase da doutrina e das leis do processo brasileiro", *in Revista da Faculdade de Direito de São Paulo*, 1899, p. 101-126, *apud* Frederico Marques, *O direito processual em São Paulo*, São Paulo: Saraiva, 1977, p. 15-16).

vitalidade da ordem jurídica. Ao mesmo tempo, ele concorre para definir e garantir a personalidade dos indivíduos, aos quais oferece os meios jurídicos para a defesa de seus direitos. Quando o seu estudo ignora as relações com outros ramos do direito, em particular com o direito constitucional, ele se torna "un tedioso e sterile computo di formalità e di termini". Mas ganha verdadeira significação quando é entendido como o estudo do indispensável aparato de garantias fixado para a defesa dos direitos fundamentais do homem. Nesse quadro mais abrangente, é possível compreender todo o significado da afirmação de Eduardo Couture, segundo a qual o código de processo é "o texto que regulamenta a garantia de justiça contida na Constituição."[127]

O enfoque constitucional representou o primeiro passo na transição em direção à ótica da efetividade. A atenção do processualista superou a abordagem tradicional, marcada pelo ângulo interno e pela neutralidade axiológica, e se voltou para a Constituição como resultante do equilíbrio de forças políticas da sociedade em determinado momento histórico. O processo deixava de ser visto como instrumento meramente técnico para ser compreendido como instrumento ético de atuação da justiça e de garantia da liberdade.[128]

---

127. Cf. "Diritto costituzionale e processo civile", *in Rivista di diritto processuale,* 1952, p. 328-329.
128. Cf. Ada Pellegrini Grinover, *As garantias constitucionais do processo nas ações coletivas,* cit., p. 20.

capítulo

3

ACESSO À JUSTIÇA E DIREITOS FUNDAMENTAIS

10. O Estado democrático de direito

AINDA QUE SEJAM conhecidas manifestações políticas destinadas a obter a limitação racional dos poderes do Estado em momentos históricos anteriores às revoluções burguesas do século XVIII – como é exemplo a *Magna Charta*, do século XIII, na Inglaterra –,[129] há largo consenso de que o conceito de Estado de direito é resultado da teoria política do liberalismo e das concepções jusracionalistas.[130]

O conceito original de Estado de direito liga-se a dois postulados, que constituem a sua essência. O primeiro é a *ideia de realização de justiça* como fim primário do poder público, que é o elemento material do conceito. O segundo é a *ideia de legalidade* de toda a atividade pública, que constitui o elemento formal do conceito. Como forma racional de limitação do poder,

129. Cf. J. J. Gomes Canotilho, *Direito constitucional*, Coimbra: Almedina, 1993, p. 350.

130. "Na origem, o Estado de direito era um conceito tipicamente liberal. Constituía uma das garantias das constituições liberais burguesas. Daí falar-se em Estado liberal de direito. Tinha como objetivo fundamental assegurar o princípio da legalidade, segundo o qual toda atividade estatal havia de submeter-se à lei. Suas características básicas foram: a) submissão ao império da lei; b) divisão de poderes; c) enunciado e garantia dos direitos individuais. Essas exigências continuam a ser postulados básicos do Estado de direito, que configura uma grande conquista da civilização liberal". (Cf. José Afonso da Silva, "O Estado democrático de direito", *in Revista da Procuradoria Geral do Estado de São Paulo*, nº 30, dezembro de 1988, p. 62).

o Estado de direito se manifesta nos pressupostos: *i)* da juridicidade, *ii)* da constitucionalidade, *iii)* da proteção dos direitos fundamentais e *iv)* na separação de poderes.[131]

O Estado de direito é um conceito que tem significações variadas, que reflete os grandes movimentos da história da humanidade. Cada época tem as suas experiências jurídicas, as suas exigências de justiça, os seus padrões de juridicidade. De modo que a história do Estado de direito não é a "história de um conceito", mas uma história enquadrada na "história geral das ideias e das instituições."[132]

Ao conceito original de Estado de direito – que associava a lei à ideia de justiça material e, de alguma forma, ao pensamento democrático –, logo se seguiu um conceito formal.[133] A partir do século XIX, o Estado de direito reduziu-se a um sistema apolítico de defesa e distanciação perante o Estado. É a fórmula do Estado liberal de direito, que predominou até a segunda metade do século XX. Ao direito não incumbia determinar o *fim* ou o *conteúdo* do poder, mas apenas a *forma* de seu exercício.[134]

---

131. Cf. Gomes Canotilho, *op. cit.*, p. 351-357. A doutrina do Estado de direito se desenvolveu a partir dos trabalhos dos juristas alemães do século XIX e comporta ideias diferentes. Em primeiro lugar, ela afirma que o Estado opera exclusivamente de forma jurídica, o que não significa dizer "em conformidade com o direito", mas "por intermédio do direito". É o *princípio da legalidade*, que se apresenta como uma proteção contra o risco da arbitrariedade, visto que os órgãos inferiores do Estado não podem nunca agir de outro modo senão aplicando uma norma geral e anterior, conhecida por todos. Como esse princípio não protege contra as *leis opressivas*, a doutrina do Estado de direito procura um segundo princípio, em torno do qual há divergências. Alguns propõem processos legislativos complexos, incidindo no equilíbrio dos poderes e capazes de impedir, pelo simples jogo de interesses, a adoção de leis tirânicas. Outros depositam sua confiança no exercício da democracia. Outros ainda enxergam a solução na submissão da lei a princípios superiores. Nesse último grupo, há uma tensão permanente entre duas concepções bem diferentes e que se mostram incompatíveis. De acordo com a primeira, os princípios supralegislativos são aqueles inscritos na constituição pelo constituinte originário: são princípios do direito positivo. Para os defensores da segunda concepção, esses princípios não são apenas de direito positivo: são princípios de direito natural, objeto de uma proclamação nos preâmbulos das constituições ou nas declarações de direitos, mas que não tiram sua força e seu valor da promulgação desses textos, os quais só fazem constatar de maneira solene alguns direitos que lhes preexistem e que os homens têm naturalmente. Aos adeptos dessa concepção, ela é a única na qual o Estado está realmente submetido a um direito superior. Mas isso se choca com a objeção dos positivistas, que sustentam que a exatidão de uma concepção não se mede em função das justificações que ela fundamenta e que é impossível mostrar que os princípios de direito natural realmente existem. (Cf. Georges Burdeau, *Direito constitucional*, São Paulo: Manole, 2005, p. 73-74).

132. Cf. Gomes Canotilho, *op. cit.*, p. 349.

133. *Ibidem*, p. 353.

134. "As funções *políticas* e *sociais* deste Estado de Direito formal têm sido salientadas: a) afirmação da burguesia, não como um conglomerado de indivíduos, mas como um corpo político que, através do Estado de direito, visa não propriamente a emancipação burguesa perante o Estado, mas o próprio

No estado liberal, o reconhecimento de direitos que exaltavam o valor humano ao garantir liberdades em face do poder público conviveu com arraigado *individualismo*.[135] No plano político, a centralidade do indivíduo significou a subordinação das instituições políticas aos interesses privados; na perspectiva econômica, representou a redução da participação do Estado no domínio econômico, atribuindo ao mercado o papel de supremo regulador das relações sociais.[136]

As desigualdades socioeconômicas que resultaram da Revolução Industrial levaram à reação ao individualismo de cunho burguês do Estado liberal.[137] A concepção de igualdade meramente formal evoluiu em direção à igualdade substancial. Na segunda metade do século XX, o Estado de direito deixa de ser compreendido como entidade meramente formal, neutra e individualista.[138]

Nem sempre o Estado de direito caracterizou Estado democrático. Assim como a perspectiva liberal conduziu o Estado de direito a deformações, as ideologias políticas de cunho social também serviram a regimes políticos autoritários.[139] A democracia, como realização de valores de convivência humana, é conceito mais abrangente do que o de Estado de

---

fundamento burguês do Estado; b) através do Estado de direito formal, a burguesia assegura a distribuição conservadora dos bens existentes, não permitindo a sua inversão no sentido de fins sociais; c) através do método jurídico exclui-se qualquer crítica intrínseca à ordem social e política existente; d) através da garantia de distanciação perante o Estado ocultava-se, conscientemente, a possibilidade de concentração de poderes não estaduais (monopólios) e a desproteção de camadas cada vez mais numerosas da população". (Cf. Gomes Canotilho, p. 354-355).

135. Cf. William Outhwaite, *Dicionário do pensamento social do século XX*, Rio de Janeiro: Jorge Zahar, 1996, p. 381.

136. Cf. Francisco Amaral, "Individualismo e universalismo no direito civil brasileiro. Permanência ou superação de paradigmas romanos?" *in Revista de direito civil,* nº 71, 1995, p. 74.

137. "O sentido original da Declaração de 1789, que exprimia a desconfiança contra o Estado e contra todas as formas do poder organizado, o orgulho do indivíduo que queria construir seu mundo por si próprio, entrando em relação com os outros num plano meramente contratual foi superado. Colocou-se em evidência que o indivíduo não é uma mônada, mas um ser social que vive num contexto preciso e para o qual a cidadania é um aspecto meramente formal em relação à substância da sua existência real. O indivíduo não é tão livre e autônomo como o Iluminismo pensava que fosse, mas é um ser frágil, indefeso e inseguro. Tudo isso são consequências lógicas do princípio da igualdade, que foi o motor das transformações da Declaração, abrindo sempre novas dimensões aos direitos humanos e confirmando a validade e atualidade do texto setecentista". (Cf. Nicola Matteucci, Direitos humanos, *in Dicionário de política,* I, cit., p. 354).

138. Cf. Pablo Lucas Verdu, *La lucha por el Estado de Derecho*, Bolonha: Real Colégio de España, 1975, p. 94.

139. Cf. José Afonso da Silva, *"O Estado democrático de direito"*, cit., p. 65.

direito.[140] Na teoria política contemporânea, as definições de democracia se resolvem em um elenco mais ou menos amplo de *regras de jogo* destinadas a definir a participação das pessoas no processo de decisão política. A este elemento formal agrega-se uma dimensão substancial, segundo a qual a democracia significa "certo conjunto de fins, entre os quais sobressai o fim da igualdade jurídica, social e econômica, independentemente dos meios adotados para alcançá-los".[141]

O Estado democrático de direito fundado na Constituição de 1988 é expressão das experiências liberal e social. Como todo Estado de direito, funda-se na *legalidade*, mas na *legalidade democrática*, por meio da qual persegue a realização dos valores da igualdade e da participação política.[142] Voltado à plena realização da pessoa humana, ele supera o individualismo político e econômico para que os direitos humanos deixem o plano abstrato das proclamações e passem a permear a vida cotidiana das pessoas.

O Estado democrático conjuga o *individualismo*, no sentido filosófico, compreendido como a prioridade dos valores humanos, com o *universalismo*, pautado pela democracia. Na visão de Francisco Amaral, "Chega-se a uma posição de síntese, com o homem no centro e como destinatário da ordem jurídica. Não mais como indivíduo, mas como pessoa integrada no meio social, interessada na realização do bem comum, com a ajuda do Estado. E como valores fundamentais do direito, a segurança e a liberdade, expressão do individual, e a justiça, o bem comum e a igualdade, expressão do social. Não mais uma oposição sistemática entre a doutrina individualista e a doutrina do direito social, mas uma influência recíproca e concorrente".[143]

11. Os direitos humanos fundamentais

OS DIREITOS FUNDAMENTAIS representam os valores básicos da pessoa humana em um determinado momento histórico. Consagrados nas Constituições contemporâneas, eles dirigem a ação do poder público

---

140. *Ibidem*, p. 61.
141. Cf. Norberto Bobbio, Democracia, *in Dicionário de política*, I, cit., p. 326-329.
142. Cf. José Afonso da Silva, *"Estado democrático de direito"*, cit., p. 68.
143. Cf. Francisco Amaral, *op. cit.*, p. 75.

e representam a garantia de que o sistema jurídico terá por destinação a promoção da pessoa humana.[144]

Os direitos fundamentais são *direitos históricos*. Nas palavras de Norberto Bobbio, eles nascem em situações de *lutas em defesa de novas liberdades contra velhos poderes*. "A liberdade religiosa é um efeito das guerras de religião; as liberdades civis, da luta dos parlamentos contra os soberanos absolutos; a liberdade política e as liberdades sociais, do nascimento, crescimento e amadurecimento dos direitos dos trabalhadores assalariados, dos camponeses com pouca ou nenhuma terra, dos pobres que exigem dos poderes públicos não só o reconhecimento da liberdade pessoal, mas também a proteção do trabalho contra o desemprego..."[145]

A luta pelo reconhecimento de direitos fundamentais em face do poder político encontra manifestações na Antiguidade e na Idade Média. Como exemplos, Jorge Miranda refere a criação cultural da Grécia clássica, em que é emblemática a atitude de Antígona, ao afirmar a existência de leis que são superiores ao poder estabelecido; a análise filosófica do conceito de justiça feita por Aristóteles; a formação do *jus gentium* em Roma; o reconhecimento, com o Cristianismo, da dignidade de todo homem como filho de Deus; a doutrina da lei injusta e do direito de resistência formulada pela Escolástica medieval.[146]

O apogeu dessa evolução é representado pela Declaração dos Direitos do Homem e do Cidadão, que resultou da Revolução Francesa. Embora a *Déclaration* tivesse dois grandes precedentes, que são os *Bills of rights* de muitas colônias americanas que se rebelaram em 1776 contra o domínio da Inglaterra, bem como o *Bill of right* inglês, que consagrou a gloriosa Revolução de 1689, os historiadores estão de acordo em considerar que a Declaração francesa "representou um daqueles momentos decisivos, pelo

---

144. Cf. A. E. Perez Luño, *Los derechos fundamentales*, Madri: Tecnos, 1993, p. 19-21. Conforme a lição de Vicente Greco Filho, "O direito talvez cronologicamente coincida com o homem e a sociedade, mas não pode ser entendido senão em função da realização de valores, no centro dos quais se encontra o valor da pessoa humana. Toda ordem jurídica não teria sentido se não tivesse por fim a realização desses valores. Logicamente, o valor da pessoa humana antecede o próprio direito positivo, condiciona-o e dá-lhe razão de existir". (Cf. *Tutela constitucional das liberdades*, São Paulo: Saraiva, 1989, p. 8).

145. Cf. *A era dos direitos*, cit , p. 5-6.

146. Cf. *Manual de direito constitucional*, cit., p. 15-17.

menos simbolicamente, que assinalam o fim de uma época e o início de outra e, portanto, indicam uma virada na história do gênero humano".[147]

As Revoluções da Inglaterra e da América do Norte tinham um compromisso político conservador que "podia tranquilizar as classes possuidoras, mais inquietas de liberdade que de igualdade".[148] A guerra de independência americana não se fez em nome dos direitos eternos que a Declaração francesa procurou fazer reconhecer. Sua motivação foram os direitos já reconhecidos e que foram ignorados pelo Estado inglês. Já a Declaração francesa buscou traduzir aquilo a que se chamou o "espírito do século", uma mistura de referências ligadas à Razão, à Natureza e ao Universalismo. A Declaração americana aproxima-se do modelo inglês, preocupando-se menos com o homem e seus direitos do que com os direitos tradicionais do cidadão inglês, ao passo que a declaração francesa destaca-se pelo "esplendor das fórmulas e pela generosidade de seu universalismo".[149]

No século XX, os horrores da Segunda Guerra Mundial conduziram ao esforço comum das nações visando à proteção dos direitos humanos. Em 1948, a Assembleia Geral das Nações Unidas aprovou a Declaração Universal dos Direitos do Homem. É o momento mais marcante na história de reconhecimento dos direitos humanos, já que definiu quais seriam os valores essenciais à natureza humana. Pela primeira vez na história da humanidade, um sistema de princípios fundamentais da conduta humana foi livre e expressamente aceito, através de seus respectivos governos, pela maioria dos homens que vivem na Terra.[150]

A Declaração Universal significa a possibilidade legítima de acreditar na *universalidade dos valores*. O universalismo foi uma lenta conquista em que é possível distinguir três grandes momentos. O primeiro, de elaboração filosófica, remonta aos estóicos da Grécia Antiga e encontra no jusnaturalismo moderno sua manifestação mais expressiva na obra de John Locke, com a ideia de que o homem tem direitos por natureza, que ninguém, nem

147. Cf. Norberto Bobbio, *A era dos direitos*, cit., p. 85.

148. Cf. Albert Soboul, *A revolução francesa*, São Paulo: Difel, 1982, p. 115.

149. Cf. Manoel Gonçalves Ferreira Filho, *op. cit.*, p. 20.

150. Cf. Norberto Bobbio, *A era dos direitos*, cit., p. 28.

mesmo o Estado, pode-lhe subtrair. Os direitos humanos são universais em relação ao conteúdo, mas são limitados em relação à eficácia, pois são meras propostas para um futuro legislador. O segundo momento é a passagem da teoria à prática, do direito pensado para o direito realizado. Os direitos humanos ganham em efetividade, mas perdem em universalidade, já que se limitam ao âmbito do Estado que os reconhece. E o terceiro momento culmina com a Declaração Universal, quando a afirmação dos direitos é ao mesmo tempo positiva e universal.[151]

Em nosso tempo, é possível reconhecer três gerações de direitos humanos, que correspondem ao processo histórico de emancipação da pessoa humana.[152] Embora as exigências de direitos possam estar dispostas cronologicamente em diversas fases ou gerações, suas espécies com relação aos poderes constituídos são apenas duas: impedir os malefícios de tais poderes ou obter os seus benefícios.[153]

A primeira geração corresponde aos direitos de liberdade. São as *liberdades públicas*, os poderes de agir reconhecidos e protegidos pela ordem jurídica a todos os seres humanos.[154] Em um primeiro momento, elas representam a *proteção contra o arbítrio*, a garantia de reserva de liberdade em relação ao Estado: a liberdade pessoal, a liberdade de pensamento, liberdade de religião, a liberdade econômica.[155] Depois, surgem os *direitos políticos*, reconhecendo a liberdade não apenas no seu sentido negativo, ou seja, como *não impedimento*, mas também no sentido positivo, isto é, como *autonomia*, o que permite a *participação* cada vez mais generalizada das pessoas no poder político.[156]

A segunda geração de direitos humanos corresponde aos *direitos sociais*. Eles são a expressão do amadurecimento de novos valores impostos pela sociedade industrial, como a igualdade substancial e o bem-estar.[157] Eles podem ser definidos como o direito de igual acesso, obtenção e utilização

151. *Ibidem*, p. 30.
152. Cf. Jorge Miranda, *op. cit.*, p. 85
153. Cf. Norberto Bobbio, *A era dos direitos*, cit., p. 6.
154. Cf. Manoel Gonçalves Ferreira Filho, *op. cit.*, p. 28.
155. Cf. Nicola Matteucci, *"Direitos Humanos"*, cit., p. 354.
156. Cf. Norberto Bobbio, *A era dos direitos*, cit., p. 32.
157. *Ibidem*, p. 33.

das instituições criadas pelos poderes públicos, bem como de igual participação nas prestações por elas fornecidas à comunidade.[158]

Com o Estado social, às liberdades já conquistadas pelas revoluções burguesas somaram-se outros direitos, destinados a alargar a dimensão da *liberdade política*. Nas palavras de Fernando Savater, "o objetivo é emancipar os homens não só das tiranias dos ditadores de qualquer tipo, como também da tirania da miséria – que provém de catástrofes da história ou da natureza –, da tirania da ignorância, da tirania dos preconceitos raciais ou nacionais, inclusive da tirania de um mercado que – como outras forças modernas: a energia nuclear, por exemplo – é indispensável para o desenvolvimento das democracias contemporâneas, mas, quando funciona sem controle social, primeiro as contamina e amanhã talvez as pulverize".[159]

Os direitos de terceira geração, ainda que de definição pouco precisa, são aqueles reivindicados pelos movimentos ecológicos. Em linhas gerais, podem ser sintetizados na *base natural da vida humana*, no direito de viver em um ambiente preservado, não poluído.[160]

Atualmente, já se apresentam novas exigências que só poderiam chamar-se direitos de quarta geração, referentes aos efeitos traumáticos da pesquisa biológica, que permitirá manipulações genéticas do patrimônio genético de cada indivíduo.[161]

---

158. Cf. J.J. Gomes Canotilho, *op. cit.*, p. 542.

159. "Para Norberto Bobbio, a esquerda se distingue por sua insistência na *igualdade*; sua política pretende corrigir, mediante a redistribuição econômica e a educação, os escandalosos privilégios e vantagens que uma minoria dos seres humanos tem sobre a grande maioria: os patrões sobre seus empregados, os filhos dos ricos sobre os filhos dos pobres, os homens sobre as mulheres, o Norte sobre o Sul etc. Sem rejeitar esse ponto de vista, é claro, ser de esquerda, para mim, é antes de tudo buscar a plena *liberdade* política: mas uma liberdade que emancipe os homens não só das tiranias dos ditadores de qualquer tipo, como também da tirania da miséria (que provém de catástrofes da história ou da natureza), da tirania da ignorância, da tirania dos preconceitos raciais ou nacionais, inclusive da tirania de um mercado que – como outras forças modernas: a energia nuclear, por exemplo – é indispensável para o desenvolvimento das democracias contemporâneas, mas, quando funciona sem controle social, primeiro as contamina e amanhã talvez as pulverize". (Cf. Fernando Savater, Esquerda e direita, *in Desperta e lê,* São Paulo: Martins Fontes, 2001, p. 218).

160. Cf. Norberto Bobbio, *A era dos direitos*, cit., p. 6.

161. *Ibidem*, p. 6.

12. O acesso à justiça: direito fundamental e método no direito processual

EMBORA O ESFORÇO conceitual de afirmação da autonomia do direito processual tenha produzido frutos que permanecem como conquistas definitivas da ciência jurídica, ao extraordinário progresso da disciplina na primeira metade do século XX não correspondeu o melhor funcionamento do sistema judiciário.[162]

A insatisfação com o sistema judiciário manifestou-se com vigor ao término da Segunda Guerra. O Estado social transformou reivindicações populares em novos direitos e deslocou para os tribunais a solução de conflitos sobre relação de trabalho, segurança social, habitação, saúde. A incorporação do operariado e da nova pequena burguesia aos circuitos de consumo, bem como da mulher, que se integrou ao mercado de trabalho, fomentou mudanças nos padrões de comportamento familiar e de casamento. Outras camadas da sociedade passaram a ter direitos até então ignorados e os conflitos cresceram em quantidade e se modificaram na qualidade.[163]

Seguiu-se uma explosão de litigiosidade para a qual o sistema judiciário não estava preparado para responder, configurando o que se convencionou chamar de *crise da administração da justiça*. O fenômeno se manifestou nas dificuldades de ingresso em juízo, na morosidade e no custo dos processos, em certa complicação procedimental, na mentalidade conservadora dos juízes, nas deficiências do patrocínio gratuito aos mais fracos, na inadequação do *processo ordinário de conhecimento* em face das necessidades de proteção dos *novos direitos*.[164]

No cenário de transição do conceito de igualdade, o *acesso à justiça* se transformou no mais estratégico dos direitos humanos de um sistema jurídico que pretendia garantir e não apenas proclamar os direitos de todos.[165]

---

162. Cf. Ada Pellegrini Grinover, As garantias constitucionais do processo nas ações coletivas, cit., p. 19.
163. Cf. Boaventura de Souza Santos, *op. cit.*, p. 46.
164. Cf. Ada Pellegrini Grinover, Deformalização do processo e deformalização das controvérsias, *in Revista de Processo*, nº 46, 1987, p. 60-83.
165. Cf. Mauro Cappelletti, *Acesso à justiça, op. cit.*, p. 12; Kazuo Watanabe, Acesso à justiça e sociedade moderna, *in Participação e processo, op. cit.*, p. 128. "*Acesso à justiça* equivale à obtenção de resultados justos. É o que também já se designou como acesso à *ordem jurídica justa*. Não tem acesso à justiça aquele que sequer consegue fazer-se ouvir em juízo, como também todos os que, pelas mazelas do processo, recebem uma justiça tardia ou alguma injustiça de qualquer ordem. (Cf. Cândido Rangel Dinamarco, *A*

Com efeito, não bastava proclamar o livre e amplo acesso formal à jurisdição e ignorar os obstáculos jurídicos, culturais e econômicos que impediam a efetiva proteção judicial da situação de vantagem prometida pelo direito material.

A investigação das causas que impediam a concretização dos direitos pelo sistema judiciário conduziu a um movimento de ideias, de amplo espectro teórico, envolvendo pesquisas multidisciplinares, que se convencionou denominar *acesso à justiça*.[166] Como direito fundamental de que depende o acesso à ordem jurídica justa, o *acesso à justiça* se tornou o eixo do direito processual contemporâneo, alargando e aprofundando os objetivos e métodos da disciplina.[167]

O estudo do direito processual deslocou-se do puro conceitualismo para o problema da *efetividade* em suas diversas dimensões.[168] O sistema judiciário deixou de ser compreendido apenas pela dimensão técnica, socialmente neutra, como era o padrão na perspectiva formalista.[169] Ampliou-se o foco da abordagem e investiga-se não apenas a estrutura do sistema processual, como também a sua interação com a sociedade, o que exige a utilização de técnicas de investigação da sociologia e de outras ciências sociais.[170]

A mudança de enfoque não significou o abandono do trabalho de conceitos que marcou a fase conceitualista. A superação de uma fase não anula

---

reforma do código de processo civil, São Paulo: Malheiros, 1995, p. 19).

166. O empenho na superação dos obstáculos que impediam o acesso à justiça evoluiu em sequência mais ou menos cronológica. A primeira frente de reforma foi marcada pela preocupação com a assistência jurídica e judiciária para as pessoas mais pobres. A segunda com a representação jurídica de interesses difusos e coletivos, focando especialmente a proteção do meio ambiente e do consumidor. A terceira onda de reforma postulou tanto a criação de vias alternativas de solução de conflitos como a simplificação e a adequação dos procedimentos às necessidades do direito material. (Cf. Mauro Cappelletti, *Acesso à justiça*, cit., p. 9-13).

167. Cf. Mauro Cappelletti, "Il giudice di pace nella prospettiva del movimento per l'acesso alla giustizia", *in Studi in onore di Elio Fazzalari,* v. II, Milano: Giuffrè, 1993, p. 602.

168. Cf. Ada Pellegrini Grinover, *As garantias constitucionais do processo nas ações coletivas, cit., p. 20.*

169. Cf. Boaventura de Souza Santos, *op. cit.*, p. 45-46.

170. Na primeira metade do século XX, a sociologia jurídica era vista como uma "falsa ciência" que serviria apenas para "contaminar" o estudo do direito. Não bastasse ter encontrado aceitação no final do século XIX em ambientes políticos radicais e entre intelectuais socialistas ou inclinados ao socialismo, uma das funções práticas da sociologia era esvaziar o terreno político de mitos. E como mitos e superstições sociais sempre foram cômodos instrumentos de dominação, a rejeição dos juristas em relação à sociologia concordava plenamente com a ideologia conservadora que via na pesquisa sociológica um perigo potencial para as mitologias jurídicas dominantes. (Cf. Vittorio Denti, *Processo civile e giustizia sociale,* Milano: Giuffrè, 1971, p. 27).

as conquistas da etapa anterior. Como resumiu Barbosa Moreira, "Não cabe supor que, para corresponder às expectativas da sociedade, tenha a Justiça de prescindir da técnica, ou de relegá-la a plano secundário. Bem ao revés: o que se há de querer é que ela trabalhe melhor. Sem arvorá-la em fim, é certo, sem sacrificar-lhe tudo, sem perder de vista a sua subordinação a valores mais altos; mas prestigiando, com uma utilização cuidadosa e inteligente, o papel indispensável que ela é chamada a desempenhar na economia do processo".[171]

Nesse sentido, Ferruccio Tommaseo assinala que é importante não se deixar apanhar pela armadilha que se esconde na polêmica contra o formalismo processual. Confundir o formalismo com as suas degenerações alimenta uma atitude perniciosa que coloca em dúvida a utilidade do estudo das formas processuais e gera um ceticismo, uma postura de hostilidade que favorece o que se chamou de a *grande ilusão*, a ideia de que a jurisdição pode ser bem exercida com uma desmedida redução das formas processuais.[172]

13. A perspectiva do direito processual constitucional: o acesso à justiça e o devido processo legal como bases políticas do sistema processual

EM TODO SISTEMA jurídico são encontradas premissas, valores que condicionam e moldam os seus institutos. São os *princípios*, os preceitos genéricos que representam as bases políticas do sistema jurídico.[173] O significado dos princípios e as funções que eles exercem no sistema jurídico contemporâneo é um dos temas centrais da ciência jurídica em razão dos fenômenos do *novo direito constitucional* e da *constitucionalização do direito*.[174]

---

171. Cf. Barbosa Moreira, "A justiça no limiar de um novo século", *in Temas de direito processual (quinta série)*, São Paulo: Saraiva, 1994, p. 27.

172. Cf. *Appunti di diritto processuale civile*, cit., p. 14-15; "A revolta contra o formalismo? Sempre foi uma típica característica das ditaduras, que não têm freios nem limites ao arbítrio de suas autoridades. Certamente não é necessário que se recorde a apaixonada defesa feita por Calamandrei do princípio da legalidade. E, no fundo, em que consiste o princípio da legalidade, senão em uma forma de designar mais amavelmente o formalismo. Naturalmente, tudo isto não impede a jurisprudência de orientar a interpretação da lei, adaptando-a, quando é necessário, às variáveis exigências da sociedade, da economia e dos costumes". (Cf. Enrico Tullio Liebman, "A força criativa da jurisprudência e os limites impostos pelo texto da lei", *in Revista de Processo* nº 43, cit., p. 60). Sobre o tema, v. Carlos Alberto Álvaro de Oliveira, *Do formalismo no processo civil*, São Paulo: Saraiva, 1997.

173. Cf. Cândido Rangel Dinamarco, *Instituições*, I, cit., p. 192.

174. Cf. Luis Roberto Barroso, *op. cit.*, p. 18-19.

Seguindo a tendência que começou com a reconstitucionalização da Europa no pós-guerra, a Constituição de 1988 operou uma *revolução de juridicidade* no sistema jurídico. O texto constitucional é essencialmente baseado em princípios, com o que o sistema jurídico deixou de ser concebido como um *sistema de regras* para ser compreendido como um *sistema de princípios*.[175]

A ideia de constitucionalização do Direito está associada a um efeito expansivo das normas constitucionais, cujo conteúdo material e axiológico se irradia com força normativa por todo o sistema jurídico. Os valores, os fins públicos e os comportamentos contemplados nos princípios da Constituição passam a condicionar a validade e o sentido de todas as normas do direito infraconstitucional.[176]

No Brasil, notadamente a partir do final dos anos 1990, a Constituição passou a ser um modo de olhar e interpretar todos os demais ramos do Direito. É o que se chama de *filtragem constitucional*, uma abordagem por meio da qual toda a ordem jurídica passa a ser lida e apreendida sob a lente da Constituição.[177]

Os princípios exercem ao menos três funções no sistema jurídico. A primeira é *informadora*: eles inspiram o legislador, servindo de fundamento para o sistema jurídico. A segunda é *normativa*: os princípios atuam como fonte supletiva, no caso de inexistência de uma norma específica ou contrária à Constituição. E a terceira função é *interpretadora*: eles operam como critério orientador do intérprete, seja o juiz ou outro operador do direito.[178]

---

175. Cf. Paulo Bonavides, *Curso de direito constitucional*, São Paulo: Malheiros, 2006, p. 255-270. "No futuro, quando o pesquisador da história do Direito Brasileiro se detiver sobre a Constituição de 1988 e, após, sobre as contribuições doutrinárias a partir dela desenvolvidas, por certo aí encontrará uma grande mudança de perspectiva – ou, como é da moda dizer, uma grande mudança de paradigma. Passa a prevalecer entre nós na última década do século o paradigma dos princípios. De um lado, a nova Constituição, essencialmente principiológica – e isso é analisado com muta acuidade nos textos escritos por José Afonso da Silva e Paulo Bonavides. A obra de José Joaquim Gomes Canotilho foi objeto de muita leitura então e, por aí, chegaram até nós novas concepções construídas em torno dos princípios. De outra banda, à mesma época passou a ser divulgado entre nós o *Taking Rights Seriously*, de Dworkin, introduzindo indagações e provocando pesquisas. O direito deixou, para nós, de ser concebido com um 'sistema de normas' – vale dizer, de regras –, passando a ser visualizado como *sistema de princípios*". (Cf. Eros Roberto Grau, *Ensaio e discurso sobre a interpretação/aplicação do direito*, São Paulo: Malheiros, 2003, p. 129).

176. Cf. Luis Roberto Barroso, *op. cit.*, p. 22

177. *Ibidem*, p. 31.

178. Na perspectiva de Sérgio Sérvulo da Cunha, os princípios têm seis funções no sistema jurídico: *i)* gerar normas (função nomogenética); *ii)* orientar a interpretação (função hermenêutica); *iii)* inibir

Os princípios do *acesso à justiça* e do *devido processo legal*, proclamados nos incisos XXXV e LIV do art. 5º da Constituição, são as bases políticas do sistema processual.[179] Eles são os pontos de partida que dão sentido lógico e que, por isso, devem presidir a *aplicação* e a *interpretação* das regras de direito processual.[180] Por meio deles, a Constituição equaciona a tensão inerente ao direito público, que opõe a *autoridade* do Estado à *liberdade* dos indivíduos ou grupos.

O *acesso à justiça* representa a *autoridade*. É o direito à jurisdição. É a garantia de que as pretensões dirigidas ao sistema judiciário serão aceitas, processadas e julgadas de modo a atribuir adequada, efetiva e tempestiva tutela jurisdicional a quem tem razão.[181] O direito de livre e amplo acesso à jurisdição é o pressuposto de eficácia de todos os demais direitos da ordem jurídica, o remédio contra a prepotência do mais forte. Conforme a célebre lição de Ruy Barbosa, de pouco valeriam as leis se não houvesse instituições

---

a eficácia de norma que os contrarie (função inibitória); *iv)* suprir a falta de norma (função supletiva); *v)* regular o sistema (função de regulação do sistema); *vi)* projetar o texto sobre a sociedade (função de projeção). (Cf. *Princípios constitucionais*, São Paulo: Saraiva, 2006, p. 191).

179. Os princípios do sistema processual podem ser agrupados em torno da *tutela constitucional do processo* – que abrange os princípios do *acesso à justiça* e do *devido processo legal* – e da *tutela constitucional da organização judiciária* – que abrange o autogoverno da magistratura e as garantias dos juízes. O objetivo da tutela constitucional da organização judiciária é garantir a *independência política* dos juízes para que possam julgar com *imparcialidade*, que é um postulado elementar de justiça. A *independência política* do Poder Judiciário perante os demais Poderes da República é assegurada, primeiro, por meio da autonomia administrativa, normativa e financeira dos tribunais. É o chamado *autogoverno da magistratura*. Depois, a Constituição consagra as *garantias políticas dos juízes*, que se dividem em garantias destinadas a tutelar sua *independência* e em garantias destinadas a tutelar sua *imparcialidade*. Ao lado da independência política, ao juiz é assegurada *independência jurídica*, que o retira de qualquer subordinação hierárquica em suas atividades funcionais. O juiz possui liberdade na formação de seu convencimento, sujeitando-se apenas à Constituição, às leis e aos ditames de sua consciência. Mas a liberdade de convicção não é absoluta. Ela tem de se harmonizar com outros princípios da Constituição, sem o que ela resultaria em pretexto para o arbítrio, que é a própria negação do Estado de direito. (Cf. Ada Pellegrini Grinover, *Teoria geral do processo*, cit., p. 82-89).

180. A força normativa dos princípios não justifica ignorar a disciplina do direito infraconstitucional. Na mais recente teoria constitucional, observa-se uma exacerbação do papel e da importância dos princípios constitucionais, que gerou uma perspectiva que acabou por assumir um semblante desdenhoso em relação ao direito infraconstitucional, duvidando tanto de sua relevância como de sua capacidade de solucionar os conflitos jurídicos. "É comum, nesse sentido, o afastamento de uma norma infraconstitucional para dar lugar à aplicação (oficial) de um princípio como vetor único na solução de um caso concreto. Essa operação, que não envolve apenas a confirmação da normatividade e da supremacia dos princípios constitucionais, encobre um subjetivismo e um ativismo inaceitáveis em um contexto democrático. A mera opção por certo princípio, em detrimento do ordenamento jurídico restante, não se comporta em nenhuma teoria constitucional aceitável". (Cf. André Ramos Tavares, *Fronteiras da hermenêutica constitucional*, São Paulo: Método, 2006, p. 88).

181. Cf. Cândido Rangel Dinamarco, *Instituições*, I, cit., p. 199.

judiciárias independentes e com força superior aos litigantes para impor o cumprimento da lei sempre que faltasse a obediência espontânea.[182]

O principal objetivo do princípio é a *pacificação com justiça*. Toda sociedade humana tem crises. Jamais a harmonia e o equilíbrio foram regra.[183] Ao mesmo tempo em que forçam mudanças e levam à evolução, as crises fomentam tensões quando não encontram meios adequados de solução. A tendência de uma sociedade à desagregação é sempre maior onde os meios de solução de conflitos não são eficientes.[184] Daí o empenho do Estado em solucionar conflitos, seja mediante a decisão imposta pelo juiz, seja mediante um mecanismo alternativo, que pode se localizar tanto dentro como fora do sistema judiciário.[185]

O acesso à justiça encerra um feixe de garantias que leva a uma *escalada de situações jurídicas*.[186] A primeira garantia é a *inafastabilidade do controle jurisdicional*. Ela se dirige ao legislador. É a proibição à criação de obstáculos jurídicos que impeçam o livre e amplo acesso à jurisdição. Dela decorre o direito de todos a um provimento. Por mais absurda que seja a pretensão, todos têm direito a um provimento, ainda que de extinção do processo sem apreciação do mérito. De outro lado, a Constituição assegura a remoção de *obstáculos econômicos* que impeçam a efetivação dessa garantia formal. Daí a obrigação de o Estado organizar a carreira da defensoria pública e garantir a *assistência jurídica* integral e gratuita aos que comprovem a insuficiência de recursos financeiros.[187]

182. Oração aos moços, *in Escritos e discursos seletos*, Rio de Janeiro: Nova Aguilar, 1997, p. 673.
183. Cf. Guy Rocher, *Sociologia geral*, IV, Lisboa: Presença, 1981, p. 236.
184. Cf. Robert Weaver Shirley, *Antropologia juridica*, cit., p. 48.
185. Cf. Cândido Rangel Dinamarco, *Instituições*, cit., I, p. 118.
186. Cf. Cândido Rangel Dinamarco, Tutela jurisdicional, *in Fundamentos do processo civil moderno*, II, São Paulo: Malheiros, 2000, p. 820. "O acesso à justiça não se resume à possibilidade de perseguir um direito em juízo, nem à admissibilidade do pleito pelos órgãos judiciários, mas envolve a obrigação de que ele seja apreciado e decidido de acordo com o devido processo legal. A maior ofensa ao direito à jurisdição é a denegação de justiça. Ela se verifica tanto na impossibilidade de acesso à jurisdição, por obstáculos formais ou materiais, quanto na forma como ela se exerce – restrições legais ou práticas ao direito de ser ouvido, de ver suas alegações apreciadas por juízo isento, de utilizar e esgotar os meios de defesa. Assumindo o monopólio da prestação jurisdicional, o governo não pode, sem infração dessa promessa, criar óbices à solução judicial dos conflitos. A jurisdição é serviço público essencial, que deve estar disponível, pronta e plenamente, a todos que dela necessitem para a satisfação de seus direitos". (Cf. Sérgio Sérvulo da Cunha, *Fundamentos de direito constitucional*, cit., p. 186).
187. Cf. Cândido Rangel Dinamarco, "Tutela jurisdicional", cit., p. 821.

A segunda garantia é a *ação*. É o direito a um provimento de mérito, favorável ou desfavorável, sobre a pretensão ao bem da vida que é veiculada na demanda. É um degrau superior porque nem todos têm direito a um provimento de mérito, mas só quem reúne os pressupostos de *admissibilidade do julgamento de mérito*, categoria composta pelos *pressupostos processuais* e pelas *condições da ação*.[188]

A culminância da escalada é a *tutela jurisdicional*. É a efetiva proteção que o Estado dispensa a quem tem razão no processo, seja o autor, seja o réu. Na medida do possível, a tutela jurisdicional deve reproduzir o mesmo resultado que seria obtido com o cumprimento espontâneo da obrigação, já que o distanciamento entre a resposta do processo e a situação que decorreria da obediência voluntária acarreta o desprestígio da autoridade da ordem jurídica.[189]

O *devido processo legal* representa a *liberdade*. É o direito não apenas ao processo, mas a um *processo justo*, qualificado pelas garantias de justiça conquistadas pela humanidade ao longo da história de lutas contra o despotismo.[190] Mediante o devido processo legal, o princípio da legalidade irradia-se para todas as atividades do Estado, motivo por que também é designado como *princípio de interdição à arbitrariedade*.[191]

O processo judicial é um *procedimento em contraditório*: um conjunto ordenado de atos que disciplina o exercício do poder do juiz e a participação das partes no caminho em direção ao provimento.[192] Enquanto o *procedimento* é a garantia de legalidade, a garantia de que as atividades realizadas no processo, destinadas à aplicação da lei, serão também guiadas pela lei, o *contraditório* é a garantia de que os litigantes terão ciência dos atos praticados no processo para que possam reagir e participar da formação do convencimento do juiz, formulando alegações, produzindo provas, interpondo recursos de modo a obter um provimento favorável.[193]

Como o acesso à justiça, o princípio do devido processo legal abriga um conjunto de garantias destinadas a assegurar o direito a um processo

---

188. *Ibidem*, p. 821-822.
189. *Ibidem*, p. 822.
190. Cf. Cândido Rangel Dinamarco, *Instituições*, I, cit., p. 245.
191. Cf. Sérgio Sérvulo da Cunha, *Fundamentos de direito constitucional*, São Paulo: Saraiva, 2004, p. 188.
192. Cf. Elio Fazzalari, *Il processo ordinário di cognizione*, I, Torino: UTET, 1989, p. 51-54.
193. Cf. Cândido Rangel Dinamarco, Princípio do contraditório, *in Fundamentos*, cit., p. 93-94.

justo. Além do direito ao *procedimento* e ao *contraditório*, que são como o *corpo* e a *alma* do processo judicial, o devido processo legal compreende outras garantias explícitas e implícitas na Constituição que se coordenam de forma a impedir que alguém venha a perder a liberdade ou os seus bens sem ter a oportunidade de participar da formação do convencimento de um juiz independente e imparcial.[194]

Em uma palavra o sistema processual é um microcosmo do Estado democrático de direito. O *todo*, que é o Estado democrático de direito, está integralmente contido na *parte*, que é o sistema processual. Assim como a *participação* da sociedade em eleições periódicas, com *liberdade de imprensa*, é o que legitima o exercício do poder dos governantes, é a garantia da *ciência* dos atos do processo, combinada com a oportunidade de *participação* dos litigantes em contraditório, que legitima o exercício da jurisdição e os seus resultados.[195]

194. *Ibidem*, p. 89.
195. *Ibidem*, p. 93.

capítulo

4

O PROCESSO ORDINÁRIO DE CONHECIMENTO E A REFORMA PROCESSUAL

14. A inadequação do processo ordinário de conhecimento para a tutela jurisdicional de direitos sem conteúdo ou função patrimonial

O RECONHECIMENTO DA AUTONOMIA científica do direito processual, em combinação com a ideia de neutralidade implícita à abordagem do positivismo jurídico, produziu o efeito perverso de afastar o sistema processual das necessidades de proteção do direito material. Um reflexo desse divórcio se manifestou na generalização do esquema "condenação + execução forçada", ao qual, como em leito de Procusto, se pretendeu adaptar a proteção de todas as formas de direito, mesmo aqueles sem função ou conteúdo patrimonial.[196]

A doutrina da primeira metade do século XX imaginou o sistema processual como algo em essência unitário ou, pelo menos, suscetível de distinguir-se em poucas e genéricas categorias – as ações de condenação, declaratórias e constitutivas; as ações de execução e as ações cautelares –, configurando um esquema formal que seria idôneo para oferecer tutela

196. Cf. Adroaldo Furtado Fabrício, *Comentários ao Código de Processo Civil*, Rio de Janeiro: Forense, 1988, p. 6.

jurisdicional a todos os direitos, independentemente da especificidade de seus conteúdos.[197]

Em nome da liberdade individual e de valores como a certeza e a segurança jurídica, alçados pela ideologia liberal à condição de dogmas do sistema jurídico, o paradigma do *processo ordinário de conhecimento* – que inspirou o legislador do Código de 1973 – estabeleceu a rigorosa separação entre "processo de conhecimento" e "processo de execução", universalizou a sentença condenatória, impediu que se decidisse com base em cognição sumária e excluiu a possibilidade de o juiz emitir ordens e impor sanções pelo seu descumprimento.[198]

Embora o processo ordinário de conhecimento tenha aspectos positivos, como a segurança propiciada pela cognição plena, pela simplificação e pela racionalização que decorrem da redução numérica dos tipos de procedimento,[199] ele se destina a atuar quando a violação do direito já se

197. Cf. Andrea Proto Pisani, Las tendencias actuales del derecho procesal civil en Italia, *in Tendencias actuales del derecho, cit.*, p. 34-35.

198. Cf. Cristina Rapisarda, *op. cit.*, p. 15-16 e Ovídio Baptista da Silva, Tutela antecipatória e juízos de verossimilhança, *in O processo civil contemporâneo*, org. Luiz Guilherme Marinoni, cit., p. 126. "Um dos fatores que contribuiu para o empenho na generalização do processo ordinário de conhecimento foi a confusão entre *justiça* e *verdade*, surgida nos primórdios da Idade Moderna e que, ao resultar no desprezo aos juízos sumários, marcou profundamente o pensamento processual. A partir do século XIV, como decorrência da célebre decretal de Clemente V (*Clementina Saepe contingit*), de 1306, o prestígio dos procedimentos sumários renasceu. A iniciativa papal, fundamentalmente, tinha por finalidade básica a simplificação formal do procedimento, que se encontrava sufocado por incontáveis expedientes supérfluos que lhe embaraçavam a marcha. Mas a partir do século XVI a recomendação de Clemente V, para que se buscasse apenas e tão somente a verdade material..., desembaraçando-se o procedimento de formalidades supérfluas, passou a significar, no direito moderno, busca incessante da 'verdade material', numa equivalência entre verdade e justiça, como se esta só pudesse ser atingida depois da mais ampla exaustão, por todos os meios imagináveis, da pesquisa da verdade, o que, naturalmente, fazia com que um dos pólos da ideia de direito pesasse desmesuradamente, a ponto de aniquilar o próprio sentido ontológico do conceito. O cientificismo dos séculos XVIII e XIX consolidou o equívoco, dando sustentação a esse princípio, fortalecido, no campo do direito, pela utilização indevida e abusiva dos métodos, instrumentos e princípios das ciências da natureza no domínio das ciências do espírito". (Cf. Ovídio Baptista da Silva, *Ação de imissão de posse no direito brasileiro atual*, São Paulo: Saraiva, 1981, p. 137-138).

199. Conforme a lição de Elio Fazzalari, o processo ordinário de conhecimento "è l'archetipo dei processi giurisdizionali civile, il modello più complesso e meglio regolato... Viene qualificato come 'ordinario' perchè è quello attraverso il quale si può realizzare la tutela di qualsiasi diritto soggettivo; e si contrappone ad altri modelli, diversi e perciò detti, genericamente, 'speciali', i quali sommistrano una tutela alternativa e/o differenziata" (Cf. *Il processo ordinario di cognizione*, cit., p. 12-13). A ação condenatória simples de cobrança seguida da execução forçada foi paradigma de tamanha importância no sistema processual que até a teoria geral do processo civil se desenvolveu em torno dele. (Cf. Vicente Greco Filho, *Direito processual civil brasileiro*, São Paulo: Saraiva, 1995, p. 5). "El juicio declarativo plenario ordinario, se basa en el deseo, en el anhelo de acabar definitivamente con el litigio, de manera que la satisfacción sea alcanzada

consumou, o que significa que é instrumento adequado apenas para a proteção de situações de vantagem de conteúdo ou função patrimonial, não possuindo aptidão para assegurar proteção efetiva a direitos sem conteúdo ou função patrimonial.[200]

O Código de Processo Civil de 1939 disciplinava a ação cominatória, que, de acordo com a regra do inciso XII do art. 302, estava dirigida para tutela jurisdicional de "quem, por lei ou convenção, tiver direito de exigir de outrem que se abstenha de ato ou preste fato dentro de certo prazo". Apesar da aptidão do modelo para atingir tutela específica, a mentalidade que se formou sobre o esquema "condenação + execução forçada" acabou por deformá-la a ponto de lhe retirar toda a potencialidade de tutela jurisdicional nas obrigações de fazer e de não fazer.[201]

Em vez de reagir contra essa deturpação, o Código de 1973 acabou por consolidá-la. Além de excluir a tutela preventiva concebida pelo legislador

---

de modo pleno por una o otra parte, y que se haga imposible un nuevo proceso como consecuencia de la nota de estabilidad y permanencia de aquella, protegida por la cosa juzgada material... Por aquella causa, es necesario que en juicio ordinario plenario – el arquetipo de los declarativos civiles – se dé toda su extensión a la interposición de pretensiones y resistencias, de tal modo, que sean resueltos todos los puntos del litigio y éste quede resuelto en toda su amplitud... Por ello, el juicio ordinario, debe permitir que las partes completen lo mejor posible, y con *toda* la extensión necesaria, sus medios de ataque y de defensa, y que los apoyen sobre *todas* las pruebas que estimen del caso – y que sean admisibles, a juicio del tribunal. Igualmente, sus medios de impugnación son los más amplios del sistema procesal". (Cf. Victor Fairén Guillén, Juicio ordinario, plenarios rapidos sumario, sumarisimo, *in Temas del ordenamiento procesal*, t. II, Buenos Aires: Tecnos, 1969, p. 825).

200. Cf. Andrea Proto Pisani, *Appunti sulla giustizia civile*, cit., p. 19; Barbosa Moreira, Tutela sancionatória e tutela preventiva, cit., p. 23. Nesse sentido, destaca José Manuel de Arruda Alvim que "a insuficiência deste modelo pode-se dizer universalmente reconhecida e proclamada". (Cf. Tutela antecipatória – algumas noções – contrastes e coincidências em relação às medidas cautelares satisfativas", *in Revista do Programa de Pós-Graduação em Direito da PUC/SP*, nº 2, Max Limonad, 1995).

201. Cf. Kazuo Watanabe, *Código brasileiro de defesa do consumidor, et. al.*, Rio de Janeiro: Forense, 1991, p. 522. Na lição de Barbosa Moreira, "O traço característico da ação cominatória consistia no fato de que a comunicação da demanda ao réu assumia caráter de preceito ou comando: após cognição sumária e provisória, ordenava o juiz ao devedor que se abstivesse do ato proibido, ou que praticasse o ato devido, sob ameaça de pena (*lato sensu*) para o caso de descumprimento. Note-se bem: descumprimento da *obrigação*, não da *sentença final*, que viesse a confirmar o preceito... A ação cominatória foi vítima de certa jurisprudência mal avisada que, contra os votos da melhor doutrina, interpretou o Código de 1939 como se a multa cominada ao devedor pelo inadimplemento só começasse a incidir após o trânsito em julgado da sentença final, ou – variavam as fórmulas liberalizantes – após a nova citação do réu vencido. Assim se concedia a este uma segunda oportunidade, degradando-se em tutela condenatória comum a tutela preventiva idealizada pelo legislador. Cabe lamentar que o vigente Código, em vez de reagir contra a deturpação, restaurando em sua dignidade a ação cominatória, se haja dobrado a essa funesta orientação, tornando certo, no art. 287, que a 'pena pecuniária' só seria devida no caso de 'descumprimento da sentença". (Cf. "Tutela sancionatória e tutela preventiva", cit., p. 28-29).

de 1939, vinculou a aplicação da medida coercitiva ao trânsito em julgado, sem a possibilidade de modificação da penalidade quando ela se mostrasse incapaz de pressionar a vontade do devedor em direção ao cumprimento da obrigação de fazer ou não fazer.

Em descompasso com o princípio do acesso à justiça, o sistema processual se ressentia de mecanismos adequados à proteção efetiva dos direitos de liberdade, personalidade, participação política ou de qualquer outra situação de vantagem sem conteúdo patrimonial ou que, apesar do conteúdo patrimonial, destina-se a atender interesses sem função patrimonial, como é o salário ou serviços públicos essenciais, como a saúde, a educação, o transporte público.[202]

A efetividade da proteção judicial em relação a esses direitos pressupõe juízo sumário e medidas flexíveis de coerção destinadas a forçar o cumprimento de obrigações de fazer ou não fazer a fim de evitar a ofensa ou a sua continuidade em obrigações duradouras, atributos que são estranhos ao esquema clássico de "condenação + execução forçada".

15. A humanização do direito e a superação do patrimonialismo

A PREOCUPAÇÃO COM A efetividade da tutela jurisdicional de direitos sem conteúdo ou função patrimonial exprime no plano do direito processual a valorização da lógica do *ser* e o correspondente enfraquecimento da tentação totalitária da lógica do *ter*, que é pressuposto necessário para que o direito possa efetivamente servir à dignidade da pessoa humana.[203]

O processo de reconstrução dos direitos humanos abalou a hegemonia da lógica patrimonialista ao alçar o valor humano ao centro da ordem jurídica.[204] A crença de que bastava pagar para tudo se permitir significava a própria negação do caráter imperativo das regras jurídicas. Essa concepção implicava a perpetuação do privilégio dos poderosos e, de consequência,

202. Cf. Barbosa Moreira, *Tutela sancionatória e tutela preventiva*, p. 20.

203. Cf. João Calvão da Silva, *op. cit.*, p. 169.

204. Cf. Pietro Perlingieri, Depatrimonializzazione e diritto civile, *in Rassegna di diritto civile*, 1983, p. 3.

a submissão dos mais fracos, que não poderiam ver o seu direito satisfeito senão mediante a transformação em moeda.[205]

O direito material ampara situações em que apenas o cumprimento específico pode atender ao interesse alimentício, político, afetivo, moral ou cultural protegido pelas normas jurídicas. Não há maneira de reparar adequadamente a perda da saúde, da intimidade, da honra, da integridade física, do patrimônio histórico ou ambiental.[206]

---

205. Cf. João Calvão da Silva, *op. cit.*, p. 165-166; Giovanni Verde, "La disciplina dell'esecuzione forzata secondo il disegno di legge delega per un nuovo codice di procedura civile", cit., p. 72-73; Cristina Rapisarda, *op. cit.*, p. 80. "La monetizzazione o mercificazione dei diritti di obbligazione se poteva trovare una qualche giustificazione sotto il vigore di una legge costituzionale quale lo statuto albertino 'il quale rifletteva strutture sociali basate sulla propietà privata dei beni di produzione, proclamata e tutelata come bene sacro e inviolabile', ma ha perso di certo qualsiasi possibilità di giustificazione teorica sotto il vigore della costituzione repubblicana del 1948 la quale pone come valori guida supremi dell'ordinamento il lavoro e la persona". (Cf. Andrea Proto Pisani *Appunti sulla giustizia civile*, cit., p. 134-135).

206. Cf. Barbosa Moreira, "Tutela sancionatória e tutela preventiva", cit., p. 23-24. Sobre a violação de direito da personalidade, Galeno Lacerda lembra o episódio em que o poeta Mário Quintana teve o seu quarto de hotel invadido à sua revelia "por cineasta indiscreto, cobiçoso de expor-lhe as coisas mais íntimas à curiosidade pública." A propósito do episódio, Carlos Drummond de Andrade publicou em sua coluna do *Jornal do Brasil*, em 02/02/1978, carta aberta dirigida ao poeta gaúcho, em que demonstra toda a dimensão da impossibilidade de reparação do dano à personalidade: "A Mário Quintana, em Porto Alegre: Estou solidário contigo e acho que todos os nossos colegas devem estar. Tua liberdade foi atingida em ponto supostamente menor, porém dos mais delicados: o direito à intimidade, que hoje extravasou dos dicionários e se chama privacidade. À tua revelia, e contrariando tua discrição, penetraram em teu quarto de hotel e filmaram a singeleza de tuas coisas domésticas. E querem exibir teu quarto num festival de cinema, sob um título de intragável mau gosto. Chamando a isso de homenagem. O mundo não virá abaixo por causa disto, eu sei, e tu continuarás o mesmo poeta abancado à tua mesa de redação do *Correio do Povo*, cercado pelos mesmos afetos e pelas mesmas admirações. Mas um segredo teu foi revelado, o que é grave. O segredo não te desonra e até mesmo te enaltece. És um poeta pobre, embora riquíssimo... Eu gostaria, Mário, que desse pequeno episódio resultasse mais um abaixo-assinado, que revolte a consciência das pessoas... Suponho cabível um documento que dissesse, em substância, isto: 'Nós, escritores, levamos nossa solidariedade a Mário Quintana, ofendido em seu direito e gosto de não se exibir, de não ser vedete nem objeto comerciável. Que o poeta fique na dele, em seu quarto de hotel. Não insistam em vender o *close* da cadeira onde deposita o pijama, ou do envelope de comprimido junto ao copo d'água, com que trata a dor de cabeça. Estas coisas são de sua propriedade particular, nao devem ser expostas à curiosidade frívola. Se o poeta quer mantê-las ao abrigo dos veículos de comunicação de massa, pois pretende ser um homem dentro de um quarto e não um jogral de arena, com entrada paga, respeitemo-lo. Há excesso de má-educação no assalto à vida íntima das pessoas que, por um ou outro motivo, são catalogadas como notícia. Tudo ficou sendo permitido com relação a elas, e nada lhes é permitido para se defenderem. Não se tolera a abstenção, o recato, a interioridade, a paz do domicílio. Mário Quintana é dono exclusivo do que existe entre as quatro paredes de sua habitação. Ninguém tem nada com isto. O quarto dele confunde-se com sua vida, e é o eu profundo de Mário Quintana que se magoa, quando alguém se insinua ardilosamente em seu quarto de hotel'. Se não há manifesto, pelo menos fique a lembrança dele no abraço que lhe mando, meu poeta. *Carlos Drummond de Andrade*." (Cf. *Comentários ao CPC*, cit., p. 182-184).

Nesse campo, não basta o consolo de uma indenização que de modo algum é capaz de compensar adequadamente o prejuízo, insuscetível de se medir com o metro da pecúnia, já que nem todos os tecidos se deixam costurar de tal arte que a cicatriz desapareça por inteiro.[207]

16. O significado do brocardo *nemo praecise potest cogi ad factum* e o dogma da incoercibilidade da vontade

O ADÁGIO *NEMO PRAECISE potest cogi ad factum*, que, em tradução livre, significa que ninguém pode ser compelido a fazer algo, está na origem da interpretação individualista que durante muito tempo rejeitou a possibilidade de emissão de ordens e a aplicação de medidas coercitivas destinadas a forçar alguém ao cumprimento de obrigações de fazer e não fazer.[208]

O brocardo inspirou a regra do art. 1.142 do Código Civil francês de 1804, que influenciou grande parte dos códigos latino-americanos.[209] De acordo com essa norma, "toda a obrigação de fazer ou não fazer se resolve em perdas e danos no caso de inexecução da parte do devedor". Disposição semelhante foi reproduzida no art. 880 do nosso Código Civil de 1916, que estabelecia que "Incorre também na obrigação de indenizar perdas e danos o devedor que recusar a prestação a ele só imposta, ou só por ele exequível".

Com amparo no adágio *nemo praecise*, difundiu-se nos países de tradição romano-germânica o entendimento de que a recusa do devedor ao cumprimento de obrigação de fazer conduziria à reparação por perdas e danos, uma vez que o princípio de liberdade não consentiria forçar alguém à prestação de um ato ou atividade.

Apesar do êxito dessa exegese, nem a parêmia tem em sua origem o sentido individualista que se difundiu a partir de 1804, nem o sistema jurídico do Código de Napoleão, examinado de maneira sistemática e não apenas a partir do art. 1.142, justificava a interpretação de que incumbiria ao próprio devedor deliberar sobre o cumprimento específico da prestação de fato.

---

207. Cf. Barbosa Moreira, "*Tutela sancionatória e tutela preventiva*", cit., p. 23.
208. Cf. Federico Carpi, "Note in tema di tecniche di attuazione dei diritti", *in Rivista trimestrale di diritto e procedura civile*, 1988, p. 112.
209. Cf. Norberto Bobbio, *O positivismo jurídico...*, cit., p. 63.

De um lado, o exato significado do art. 1.142 é extraído da conjugação com os arts. 1.143 e 1.144 do Código de Napoleão, que limitam o seu alcance tão somente à *proibição de violência exercida sobre a pessoa do devedor*, o que "não consente dúvidas sobre o cumprimento e execução específica como regra para toda a espécie de obrigações".[210]

De outro lado, os mecanismos de coerção foram largamente utilizados durante o direito intermédio. Eles incidiam sobre o patrimônio, sobre a liberdade ou sobre as prerrogativas políticas, sociais ou religiosas do devedor. Desse período provêm as multas que inspiraram as *astreintes* do direito francês e a concepção de que a resistência da parte vencida às ordens do juiz é um atentado contra o prestígio do tribunal, ideia que marca o instituto do *contempt of court* do direito inglês.[211]

Somente o ambiente ideológico de exagerado individualismo político e econômico que caracterizou o Estado liberal justificava a interpretação

---

210. Cf. Calvão da Silva, *op. cit.*, p. 225; Vittorio Denti, *L'esecuzione forzata in forma specifica*, Milano: Giuffrè, 1953, p. 47; Crisanto Mandrioli, *L'esecuzione forzata in forma specifica*, Milano: Giuffrè, 1953, p. 98-99.

211. Como mostra Calvão da Silva, a elaboração do adágio é fruto de um erro dos glosadores. Embora a distinção entre as obrigações de dar e fazer fosse estranha ao direito romano, os glosadores dos séculos XII e XIII, com base em um texto de Celsus, acabaram por ligá-la indevidamente ao *Digesto*. Na verdade, a exceção que os glosadores imaginaram haver identificado no texto de Celsus era apenas a confirmação da aplicação do regime comum às obrigações de *facere*. Erro desculpável – diz Calvão da Silva – na medida em que até então era desconhecido o fundamental manuscrito de Gaius – *Omnium autem formularum quae condemnationem habent ad pecuniariam aestimationem condmnatio concepta est* –, descoberto por Nieburh apenas em 1816. Seguiu-se a equivocada conclusão de que a execução específica apenas era cabível em relação às obrigações de dar. Coube a Bártolo (1314-1357) consolidar a teoria: *cogere promissorem ad factum esset quadam species servitutis*. O esforço seguinte foi definir que obrigações constituíam um dar. Na perspectiva de Bártolo, eram apenas aquelas que tinham por objeto a transferência da propriedade. A estreiteza dessa noção levou Cujácio a alargá-la, introduzindo outras obrigações suscetíveis de obrigações forçadas sem ofender a personalidade humana. Por fim, no século XVI, Favre "condensou e canonizou" a doutrina, desenvolvida "sobre bases puramente imaginárias" no brocardo *nemo praecise potest cogi ad factum*. O texto integral é o seguinte: *"Nemo praecise potest cogi ad factum, quia sine vi et impressione id fieri non potest, ideoque in obligationibus faciendi succedit proestatio ejus quod interest."* Ainda que a teoria sintetizada pelos glosadores seja resultado de um equívoco em relação às fontes romanas, tanto as palavras de Favre como as de Bártolo buscavam apenas impedir a violência e a opressão sobre a pessoa do devedor como meio para compeli-lo a uma prestação de fato. "Numa tradução livre de Favre, significa que ninguém pode ser coagido precisamente (de uma maneira absoluta) a realizar um fato, porque isso não pode ser feito *sine vi et impressione*, isto é, *sem violência (coação) e sem opressão (impressão-choque)* (...)". Vale dizer, a razão de ser do adágio *nemo praecise* é explicitada logo na origem por seu autor: afastar ou impedir a violência ou a coação ao cumprimento sobre a pessoa do devedor. Na mesma linha, Bártolo adiantara: *"cogere promissorem ad factum esset quadam species servitutis"*. Portanto, mesmo em Bártolo estabelecia-se a correlação entre a coação e certa condição servil: sobre um fundo de verdade, apenas uma noção estreita da obrigação de dar. (Cf. *Cumprimento e sanção pecuniária compulsória*, cit, p. 215-223).

restritiva do adágio *nemo potest cogi ad factum*. Prova disso é que a ideia de incoercibilidade da vontade humana não encontrava aplicação quando se tratava de proteger o sacrossanto direito de propriedade. Embora a obrigação de desocupar um imóvel seja tipicamente de fazer, o uso da força sempre foi admitido para retirar a pessoa que dele se recusa a sair.[212] No confronto com o direito de propriedade, a esfera de vontade não era considerada inviolável, admitindo-se até mesmo o cumprimento *manu militari* da decisão em benefício dos *beati possidentes*.

Daí Crisanto Mandrioli dizer que a disposição do art. 1.142 do *Code* teve um destino bastante surpreendente na França. A partir da deformação jurisprudencial do conceito de *dommages/intérêts*, a regra que supostamente respaldava a impossibilidade de tutela específica em relação às obrigações de fazer e não fazer acabou originando a figura da *astreinte*, que consiste justamente em medida de coerção destinada a induzir o devedor ao cumprimento específico da obrigação.[213]

A superação das dificuldades que se costumavam suscitar em relação ao cumprimento das obrigações de fazer e não fazer veio com a distinção baseada na índole *fungível* ou *infungível* da atividade do devedor. Em algumas hipóteses, o interesse do credor vitorioso só ficará satisfeito mediante a prestação pelo *próprio devedor*, ao passo que noutras o que realmente interessa é menos a atividade em si do que o *resultado* dela, e esse resultado tanto se pode obter do devedor quanto de terceiro.[214]

A *infungibilidade* é de ordem *jurídica* ou *natural*. A *infungibilidade natural* se verifica quando o bem jurídico a que o credor aspira é de tal forma conexo às qualidades ou atitudes do devedor que é impossível reproduzi-lo sem o concurso de sua atividade pessoal. Nesse caso, a tutela específica não tem como prescindir da atividade do devedor, justificando-se a aplicação das medidas coercitivas ao cumprimento específico. Já a *infungibilidade jurídica* se verifica quando a prestação só puder ser realizada pelo

---

212. Cf. Barbosa Moreira, Tendências em matéria de execução de sentenças e ordens judiciais, *in Revista de Processo*, nº 41, p. 155; Alcides de Mendonça Lima, *Comentários ao CPC*, VI, Rio de Janeiro: Forense, 1979, n. 1655, nota 824, p. 819.

213. Cf. *L'esecuzione forzata*..., cit., p. 100; Michele Taruffo, L'attuazione esecutiva dei diritti...", cit., p. 163-164.

214. Cf. Cândido Rangel Dinamarco, *A reforma do código de processo civil*, cit., p. 151.

devedor em virtude de um princípio jurídico. Nesse caso, a infungibilidade permanece, mas os seus efeitos se atenuam, uma vez que o efeito jurídico da vontade pode ser obtido por meio do provimento do juiz, substituindo a atividade do obrigado.[215]

Como resumiu Luiz Eulálio Bueno Vidigal,

> É um pouco exagerado esse religioso respeito à vontade individual. A vontade humana em si não merece proteção apenas por ser uma vontade humana. Protege-a o Estado quando ela é conforme ao direito. Não se compreende em virtude de que princípio deve-se proteger a vontade que se obstina em não cumprir a obrigação. Por isso, salientou Chiovenda que o princípio da autonomia da vontade individual tem larga esfera de aplicação no domínio da constituição dos direitos; muito mais restrita é a sua aplicação no domínio do cumprimento das obrigações.[216]

17. A tutela jurisdicional diferenciada: a superação do processo ordinário de conhecimento

A EFETIVIDADE DO DIREITO material depende da existência de formas de tutela jurisdicional adequadas às peculiaridades dos direitos.[217] Um ordenamento jurídico que se limite a afirmar uma situação de vantagem sem predispor instrumentos processuais adequados para garantir a atuação do direito em caso de ameaça ou violação é um ordenamento incompleto.[218]

A técnica processual não é neutra. Ela veicula opções a favor ou contra interesses divergentes ou até mesmo antagônicos, beneficiando ou prejudicando posições sociais conflitantes.[219] Ao submeter ao esquema "condenação + execução forçada" causas que nele não poderiam ser

215. Cf. Luiz Eulálio Bueno Vidigal, *Da execução direta das obrigações de prestar declaração de vontade*, São Paulo: Saraiva, 1940, p. 78.
216. *Ibidem*, p. 79.
217. Cf. Antonio Hespanha, Lei e justiça: história e prospectiva de um paradigma, *in Justiça e litigiosidade:* história e prospectiva, Lisboa: Calouste, 1993, cit., p. 9-10.
218. Cf. Andrea Proto Pisani, *Appunti sulla giustizia civile*, cit., p. 11; Adroaldo Furtado Fabrício, *Comentários ao CPC*, VIII, Rio de Janeiro, Forense, 1988, p. 6.
219. Cf. Boaventura de Souza Santos, *op. cit.*, p. 45-46.

eficientemente tratadas, ou para as quais ele representava uma demasia, o sistema processual alterava o ponto de equilíbrio definido pelo direito material.

Com o objetivo de superar a insuficiência do modelo clássico para oferecer respostas equivalentes ao cumprimento específico da obrigação, a doutrina concebeu a técnica da "tutela jurisdicional diferenciada".[220] A expressão foi cunhada por Andrea Proto Pisani em ensaio de 1973, no qual abordava a oportunidade da introdução na legislação italiana do rito especial para solução dos conflitos de trabalho.[221]

Em relação ao sistema processual italiano da década de 1970, Luigi Montesano afirmava que a tutela jurisdicional diferenciada tinha pouco ou nenhum significado. Apesar disso, ressaltava a importância do tema em face do princípio constitucional de acesso à justiça, afirmando que a expressão não poderia ser desprezada como um *slogan* superficial, visto que a Constituição havia convertido o postulado da *maior coincidência possível* em princípio do sistema jurídico.[222]

Com o propósito de dar conteúdo para o conceito, Andrea Proto Pisani destacou dois sentidos para a expressão. Uma coisa – disse ele – é a tutela jurisdicional diferenciada onde com esse designativo se entenda a predisposição de vários procedimentos de cognição plena, alguns dos quais modelados de acordo com particularidades das situações substanciais controvertidas; *outra coisa* é a tutela jurisdicional diferenciada onde com esse

220. Cf. Proto Pisani, *Apuntti sulla giustizia civile*, cit., p. 123-133. "No processo moderno, inconformados muitos autores com a ordinariedade plenária e, em consequência disso, a excessiva lentidão da militância forense, quanto à prestação jurisdicional aos que dela necessitam, vêm procurando propor aos lidadores dessa área técnica a busca e a adoção de formas especiais de tutela jurisdicional, que têm sido chamadas de 'tutelas diferenciadas". (Carlos Silveira Noronha, Apontamentos históricos da tutela diferenciada, *in Processo civil – 20 anos de vigência*, coord. José Rogério Cruz e Tucci, São Paulo: Saraiva, 1994, p. 58). "Trata-se de adaptar a própria prestação jurisdicional e seus instrumentos ao objetivo desejado. Como este varia em cada situação apresentada ao órgão jurisdicional, não se justifica manter inalterável o tipo de tutela". (Cf. José Roberto Bedaque, *Direito e processo*, cit., p. 53); "La conessione tra situazioni sostanziali bisognose di tutela... viene a porsi sulla base del 'principio di adeguatezza', per cui ogni diritto deve trovare attuazione per il tramite dello strumento esecutivo più idoneo ed efficace in funzione delle specifiche necessità del caso concreto". (Michele Taruffo, "L'attuazione esecutiva dei diritti...", cit., p. 153-154).

221. *Appunti sulla giustizia civile*, cit., p. 217; a expressão "tutela jurisdicional diferenciada" foi por ele cunhada em ensaio publicado no ano de 1973, abordando a oportunidade da introdução na legislação italiana do rito especial para solução dos conflitos de trabalho. (Tutela giurisdizionale differenziata e nuovo processo del lavoro, *in Foro Italiano*, 1973, v. V, p. 205 e s.).

222. Cf. "Luci ed ombre in leggi e propposte di 'tutele differenziate' nei processi civili', cit., p. 592.

termo se deve entender a predisposição de formas típicas de tutela *sumária* (cautelar ou sumária *tout court*).[223]

Na perspectiva de Donaldo Armelin, outros dois posicionamentos podem ser concebidos em relação ao conceito enfocado. "Um, adotando como referencial da tutela jurisdicional diferenciada a própria tutela, em si mesma, ou seja, o provimento jurisdicional que atende à pretensão da parte, segundo o tipo da necessidade de tutela ali veiculado. Outro, qualificando a tutela jurisdicional diferenciada pelo prisma de sua cronologia no *iter* procedimental em que se insere, bem assim como a antecipação de seus efeitos, de sorte a escapar das técnicas tradicionalmente adotadas nesse particular".[224]

A despeito das múltiplas particularidades e contingências que separam a experiência jurídica italiana e brasileira, a técnica de tutela jurisdicional diferenciada fez escola entre nós.[225] Ao generalizar a antecipação de tutela e adequar o procedimento à possibilidade de tutela específica nas obrigações de fazer e não fazer, o legislador da Reforma de 1994 desfigurou o modelo de exclusividade do modelo clássico e favoreceu a obtenção de tutela jurisdicional mais adequada às peculiaridades dos direitos.

Nessa linha, Ovídio Baptista da Silva afirma que "A reintrodução em nosso direito de uma forma de *tutela antecipatória* – tão extensa quanto permite a sua conceituação, como tutela genérica e indeterminada – invalida todos os pressupostos teóricos que sustentam o *Processo de Conhecimento*, pois as antecipações de julgamento, idôneas para provocarem tutela antecipatória, pressupõem demandas que contenham, conjugadas e simultâneas, as atividades de *conhecimento e execução*. E mais: pressupõem que a tutela antecipada seja fruto de um *juízo de verossimilhança*, a ser depois confirmado ou infirmado pela sentença final".[226]

É comum a doutrina sublinhar como especial virtude da técnica de tutela jurisdicional diferenciada a possibilidade de fazer frente à excessiva lentidão resultante das formas do processo ordinário de conhecimento,

---

223. Cf. *Appunti sulla giustizia civile*, cit., p. 217.

224. Cf. Tutela jurisdicional diferenciada, *in Revista de processo*, nº 65, cit., p. 46.

225. Cf. José Rogério Tucci, *Ação monitória*, São Paulo: Revista dos Tribunais, 1995, p. 14.

226. Cf. Tutela antecipatória e juízos de verossimilhança, *in O processo civil contemporâneo*, org. Luiz Guilherme Marinoni, Curitiba: Juruá, p. 127.

deixando à sombra aspecto de relevo do conceito, que é a *adequação* dos procedimentos à natureza da pretensão.

Com efeito, ainda que desviado da finalidade que lhe atribui o sistema processual brasileiro, o processo cautelar serviu para atender às necessidades de tutela de urgência,[227] mas a insuficiência persistia em relação à inflexibilidade dos mecanismos de coerção destinados à imposição do cumprimento específico da obrigação de fazer ou não fazer.[228]

18. A reforma processual e o cumprimento das obrigações de fazer e não fazer

A REGRA INTRODUZIDA NO art. 461 do Código de Processo Civil pela reforma processual priorizou a tutela específica de direitos que dependem do cumprimento de obrigações de fazer e não fazer infungíveis, com o que aproximou o sistema processual do postulado da *maior coincidência possível* que está implícito no princípio constitucional do acesso à justiça.

Com o propósito de assegurar a efetividade do direito material, o legislador: *a)* permitiu a atuação prática do direito mediante juízo sumário; *b)* admitiu, através de ordens judiciais, a tutela específica nas obrigações de fazer e não fazer, *c)* atribuiu ao juiz uma esfera de discricionariedade para escolher as medidas mais adequadas de coerção e, *d)* misturou atividades de conhecimento e de atuação na mesma relação processual.

De acordo com a combinação das regras inscritas no *caput* e no § 1º do art. 461 do Código de Processo Civil, *o juiz concederá a tutela específica da obrigação* (CPC, art. 461, *caput*) e cumpre ao credor, não ao devedor, a opção pela indenização por perdas e danos resultantes da inexecução da prestação específica (CPC, art. 461, § 1º). Agora, a regra do sistema processual é a *tutela específica*, o que permite a coerção do fato humano quando não se

227. Como a providência cautelar é provisória, ela acabava por resultar em uma inútil duplicação de processos, quando a rigor bastaria um para compor o litígio. "E, afinal – indagava Barbosa Moreira –, por que se há de dar a título de cautela aquilo que já se poderia dar sob a forma de prestação jurisdicional satisfativa?" (Cf. *Tutela sancionatória e tutela preventiva*, cit., p. 27).
228. Cf. Michele Taruffo, L'attuazione esecutiva dei diritti: profili comparatistici, *in Rivista trimestrale di diritto e procedura civile*, 1988, p. 177.

fizer presente qualquer hipótese de impossibilidade natural ou política.[229]

Com essas alterações, a reforma processual consumou a dessacralização do dogma individualista da incoercibilidade dos deveres de fazer e não fazer. Desde que respeitados os limites naturais e políticos que a ordem jurídica estabelece para o legítimo exercício da jurisdição no confronto com a dignidade da pessoa humana, a simples obstinação do devedor ao inadimplemento não impede a aplicação das medidas de coerção destinadas ao cumprimento específico do dever.

19. O cumprimento das obrigações de fazer e de não fazer e o modelo da *common law*: a *injunction*

A TÉCNICA DE TUTELA jurisdicional nas obrigações de fazer e não fazer adotada pelo legislador de 1994 guarda semelhança com o modelo da *injunction* da tradição jurídica da *common law*,[230] espelhando a tendência contemporânea de aproximação entre as duas grandes famílias jurídicas do mundo ocidental.[231]

A conexão entre as variadas situações de vantagem em face dos bens da vida, as formas de tutela jurisdicional e as técnicas de atuação do direito sempre foi bem percebida na tradição jurídica da *common law*, levando à fundamental distinção entre os regimes da *common law* e da *equity*.[232]

---

229. Conforme a lição de Nelson Nery Júnior, a norma enfocada modifica o regime da execução de obrigação de fazer e não fazer. "Agora, a regra do direito privado brasileiro... quanto ao descumprimento da obrigação de fazer ou não fazer é a da execução específica, sendo exceção a resolução em perdas e danos. Trata-se de regra mista, de *direito material* e de direito processual, inserida no CPC. Lei federal que é, o CPC pode conter normas de direito processual e de direito material. Assim como existem regras de direito processual no Código Civil, no Código de Processo Civil também há dispositivos reguladores de direito material, notadamente nas ações que se processam por procedimento especial. O caso do art. 461 é um desses, já que nele existem regras materiais e processuais ao mesmo tempo". (Cf. *Atualidades sobre o processo civil – A reforma do Código de processo civil de dezembro de 1994*, São Paulo: Revista dos Tribunais, 1995, p. 76).

230. Cf. Kazuo Watanabe, *Código brasileiro de defesa do consumidor...*, cit., p. 524-525.

231. "Essa *rota de aproximação* entre as duas famílias jurídicas é reconhecida pela doutrina, sendo exemplos emblemáticos o advento do Código de Processo Civil inglês, de 1999, e o prestígio, nos Estados Unidos, do Uniform Commercial Code; ainda, neste país, registre-se o advento, em 2005, do Class Action Fairness Act" (Cf. Rodolfo de Camargo Mancuso, Divergência jurisprudencial e súmula vinculante, São Paulo: Revista dos Tribunais, 2007, p. 365). Reconhecer essa rota de aproximação não significa concordar com a posição do estimado professor Cândido Rangel Dinamarco, que, compreende as grandes tradições jurídicas do Ocidente como "mitos". (Cf. *Instituições*, I, cit, p. 172-173).

232. Michele Taruffo, *"L'attuazione esecutiva dei diritti..."*, cit., p. 144.

As origens do direito inglês remontam à conquista normanda, no século XI. As Ilhas Britânicas integraram o Império Romano até o princípio do século V. O direito romano nunca se enraizou profundamente e, após as sucessivas invasões de anglos, saxões e dinamarqueses, ele foi erradicado e o costume voltou a ser a principal fonte de direito.

Nos primeiros tempos do domínio normando, a *Curia Regis* (*King's Council*) concentrava todo o poder público. Em princípios do século XII foram criados três tribunais reais. Eles aplicavam o *comune ley*, que é o antecedente linguístico da expressão *common law*, isto é, o "direito comum" da Inglaterra.[233]

Na verdade, nunca houve um "direito comum" na Inglaterra. Invocando de maneira fictícia o "direito comum", os tribunais reais aproveitaram algumas regras consuetudinárias e outras que foram inspiradas pelo direito romano e canônico. Mas se guiaram principalmente por critérios de razoabilidade e de bom-senso. É assim que surge o *precedente*, a tendência para decidir um litígio da mesma forma que um caso anterior semelhante.[234]

Com o decorrer do tempo e o uso do precedente, o sistema da *common law* foi se consolidando e se transformando em um sistema coerente de normas jurídicas. Quando o sistema funcionava mal – porque os tribunais reais não podiam conceder a solução adequada, ou porque chegavam a uma decisão contrária à equidade –, os particulares tinham, segundo as ideias da Idade Média, a possibilidade de pedir a intervenção do rei para que se chegasse à solução exigida pela justiça.

O direito não era um tabu. O rei devia assegurar a justiça aos seus súditos, o que legitimava a sua intervenção nos casos em que a técnica do direito era defeituosa.[235] Nesses casos, surge a jurisdição do Chanceler. O objetivo não era modificar o direito (*equity follows the law*), mas suplementar a *common law*, integrando as lacunas e superando as dificuldades derivadas da rigidez das formas processuais.[236] A intervenção do Chanceler justificava-se em nome dessa necessidade de adequação, porquanto não se admitia

233. Cf. Carlos Ferreira de Almeida, *Introdução ao direito comparado*, Coimbra: Almedina, 1994, p. 74-76.
234. *Ibidem*, p. 76.
235. Cf. René David, *op. cit.*, p. 309-310.
236. Cf. João Calvão da Silva, *op. cit.*, p. 193.

que o *summum jus* resultasse em *summa injuria*.[237] Daí que a *equity* consiste em um conjunto de soluções que foram outorgadas pela jurisdição do Chanceler para completar e rever o sistema da *common law*, então bastante insuficiente e defeituoso.[238]

Assim como no direito romano o exercício do *imperium* pelo pretor desenvolveu o *ius praetorium* ao lado do *ius civile*, o sistema da *equity* se formou paralelamente ao sistema da *common law*.[239] Como anota Galeno Lacerda, "Na Inglaterra, os remédios processuais em geral, e os de tutela imediata, ou *writs*, lograram notável desenvolvimento, a tal ponto que a relação entre direito e processo passou a ser definida pelo adágio *remedies precede rights*. Se nesse adágio se nota a singular influência do processo romano clássico, muito maior é a analogia que se estabelece com os *writs* e os interditos".[240]

Nas formas ordinárias do processo civil da *common law*, como na *condemnatio* do direito romano, são objeto de tutela os direitos de conteúdo econômico, que se traduzem na pretensão à entrega de uma coisa ou ao pagamento de uma soma em dinheiro. A partir dessas situações se construíram as formas de execução *at law*, dirigidas para a entrega de bens móveis ou imóveis e para a expropriação visando à satisfação de crédito.[241]

Esse modelo, que na tradição romano-germânica corresponde ao que conhecemos como execução forçada, revelou-se insuficiente para oferecer proteção adequada aos novos direitos que foram surgindo ao longo dos séculos. Assim, por meio da *equity* foram elaborados *remedies* para proteger situações de vantagem que, apesar de não estarem sujeitas a tutela *at law*, surgiam como politicamente relevantes e, portanto, merecedoras de tutela jurisdicional.[242]

---

237. Cf. René David, *op. cit.*, p. 310.
238. Cf. Michele Taruffo, *"L'attuazione esecutiva dei diritti..."*, cit., p. 145.
239. Já foi visto que no processo romano a *condemnatio* dizia respeito apenas a prestações pecuniárias. O descumprimento da obrigação, por isso, tinha por sanção apenas a indenização em dinheiro. O sistema, assim, era imperfeito. Mas "a imperfeição do sistema não passa despercebida ao pretor, que procura remediá-lo, atenuando, na prática e por meios indiretos, os inconvenientes da condenação pecuniária, de modo a progressivamente satisfazer o credor através do cumprimento e da execução específica". (Cf. Calvão da Silva, *op. cit.*, p. 211).
240. Cf. Galeno Lacerda, *Comentários ao CPC*, cit., p. 146.
241. Cf. Michele Taruffo, *L'attuazione esecutiva dei diritti...*, cit., p. 145; René David, *op. cit.*, p. 310-311.
242. Cf. Michele Taruffo, *"L'attuazione esecutiva dei diritti..."*, cit., p. 146.

O sistema da *equity* deu origem a um grande número de institutos processuais, dentre os quais se destaca a *injunction*[243] Conforme Geoffrey Hazard e Michele Taruffo, a *injunction* é uma decisão que ordena o cumprimento de um ato ou de uma série de atos, ou uma abstenção, e é diferente da condenação ao ressarcimento do dano. O processo de júri típico leva à condenação, enquanto que o processo de *equity* típico, que se desenvolve sem o júri, visa à pronúncia de uma *injunction*.[244]

O objetivo da *injunction* é uma ordem de fazer (*mandatory injunction*), de não fazer, ou, ainda, destinada à cessação de um comportamento lesivo (*proibitory injunction*).[245] A *injunction* pode ser concedida com natureza cautelar ou antecipatória.[246] Denomina-se *preliminar* ou *interlocutory injunction* e é proferida no início de um juízo que tenha por objeto impedir a realização ou a continuação de certo ato até que se tenham decidido os direitos dos litigantes.[247]

A principal virtude do instituto é a possibilidade de adaptação a qualquer situação de vantagem que necessite de tutela jurisdicional, o que permite proteção a situações que podem surgir *in concreto* e que não encontrariam tutela *at law*, ou seja, mediante o processo destinado para entrega de uma coisa ou para o pagamento de uma soma em dinheiro.[248]

O sistema da *injunction* é mais flexível e, por isso, capaz de atribuir tutela a diversas situações de vantagem. A emissão de ordens, amparadas por medidas coercitivas que vão desde as multas até a privação da liberdade, como sucede com a *Contempt of Court*, é um eficiente instrumento para a obtenção de tutela jurisdicional adequada em situações em que a

---

243. *Ibidem*, p. 146.

244. G. C. Hazard e Michele Taruffo, *La giustizia civile negli Stati Uniti*, Bologna: Il Mulino, 1993.

245. Cf. G. C. Hazard e Michele Taruffo, *La giustizia civile negli Stati Uniti*, cit., p. 233. "An injunction is a judgment, or order, to do or refrain from doing a particular thing. It is either (1) interlocutory or interim, i.e. an order until the hearing of the action or further order; or (2) perpetual, i.e. a judgment determining and concluding the right in litigation; it is also (*a*) restraining, i.e. when it inhibits the doing of anything; or (*b*) mandatory, i.e. when it commands, or restoring, of anything". (Cf. John James, *Stroud's judicial dictionary*, London: Sweet & Maxwell, 1973, p. 1369).

246. Cf. G. C. Hazard e Michele Taruffo, *La giustizia civile negli Stati Uniti*, cit., p. 185.

247. Cf. John James, *Stroud's judicial dictionary*, cit., p. 1369.

248. "*At law*, i diritti tradizionalmente tutelabili sono essenzialmente quelli a contenuto economico, che cioè traducono nella pretesa ad una cosa o al pagamento di una somma di denaro". (Cf. Michele Taruffo, "L'attuazione esecutiva dei diritti, p. 145).

colaboração do devedor é necessária para a concretização do direito de quem tem razão no litígio.[249]

O estudo do direito comparado se justifica pela possibilidade de aperfeiçoamento do direito nacional.[250] Ao mostrar como a sensibilidade para as peculiaridades dos direitos é fundamental para a elaboração de um sistema processual eficiente, o modelo da *injunction* apresenta-se como valioso paradigma para o aprimoramento de nosso sistema processual.[251]

20. Segue: a reforma processual e a ação mandamental

Embora a clássica divisão entre ações de conhecimento, execução e cautelar jamais tenha explicado de maneira satisfatória os efeitos produzidos pelo sistema processual, o descompasso entre a teoria e a realidade se acentuou com a reforma processual, que rompeu definitivamente com o dogma da incoercibilidade da vontade e generalizou a antecipação da tutela jurisdicional mediante cognição sumária, permitindo a execução forçada sem título executivo.

Na explicação de Ovídio Baptista da Silva, o legislador de 1973 partiu do pressuposto doutrinário segundo o qual a classificação das ações seria um problema eminentemente processual, descolado do direito material, o que o levou a acreditar que a ordem jurídica lhe havia conferido plenos poderes para definir quais seriam as ações existentes e como elas deveriam se distribuir pelo Código de Processo Civil.[252]

> A principal e imediata consequência desse postulado foi a nítida e radical separação entre o chamado 'processo de conhecimento' e o 'processo de execução', a ponto de excluir de seu sistema até mesmo a tradicional 'ação executiva'

249. "O desenvolvimento da ciência processual exige a concepção de um instrumento perfeitamente adequado aos fins a que se propõe. Daí a necessidade de – diante da realidade material, das novas conquistas verificadas no plano dos direitos – criar modelos processuais compatíveis, aptos a solucionar essa gama enorme de novos conflitos, até então inconcebíveis. Para ser justo, não pode o processo prescindir das diferentes realidades litigiosas". (Cf. José Roberto Bedaque, *Direito e processo*, cit., p. 44).
250. Cf. René David, *op. cit.*, p. 5-7.
251. Cf. Michele Taruffo *"L'attuazione esecutiva dei diritti..."*, cit., p. 142-178.
252. Cf. Ovídio Baptista da Silva, *Ação de imissão de posse...*, cit., p. 45.

> do velho direito luso-brasileiro que o Código de 1939 conservava como ação condenatório-executiva. Apesar do confessado propósito doutrinário, teve o legislador de enfrentar uma legião de 'ações especiais', rebeldes ao seu esquema teórico, e cuja disciplina, num primeiro momento, pareceu anacrônica e abertamente divergente dos postulados da ciência processual moderna. Disso resultou uma curiosidade histórica notável: o projeto primitivo do Código de 1973 tentou suprimi-las, ou reduzir drasticamente o seu número; e o projeto original não continha o atual Livro IV do Código, só redigido depois. Para a doutrina consagrada, as nossas ações 'especiais' só o são por alguma peculiaridade procedimental, pois no fundo todas elas são declaratórias, constitutivas ou condenatórias... Como sempre acontece, a realidade acabou por imperar e o Código, certamente com alguma melancolia e contrariedade, viu-se na contingência de dar disciplina a velhas ações que já lhe pareciam superadas e em total desacordo com os padrões doutrinários de seu modelo europeu.[253]

No chamado processo de conhecimento, os provimentos judiciais de caráter *meramente declaratório* e *constitutivo* destinam-se, respectivamente, à mera certificação oficial de situação preexistente ou à modificação desta em plano exclusivamente jurídico.[254] A plena eficácia desses provimentos prescinde de qualquer providência do devedor. Por isso, após a formação da coisa julgada, o litigante vitorioso nada mais poderá pretender com referência àquilo que constituía o objeto do litígio.[255]

Em relação ao provimento condenatório, a sentença não basta para proporcionar à parte vitoriosa o resultado prático perseguido. É possível que o vencido resolva colaborar e cumpra voluntariamente a sentença. "Nessa feliz eventualidade – assinala Barbosa Moreira –, ter-se-á logrado a 'maior coincidência possível' entre a situação consequente ao processo e a que decorreria da atuação espontânea do direito. Complicam-se as coisas quando o vencido se mostra recalcitrante. Então se torna indispensável uma atividade suplementar do poder público, destinada, em princípio, a produzir aquele mesmo resultado."[256]

---

253. Cf. *Ação de imissão de posse...*, cit., p. 45-47.
254. Cf. Barbosa Moreira, "*Tendências em matéria de execução de sentenças e ordens judiciais*", cit., p. 153.
255. *Ibidem*, p. 152-153.
256. *Ibidem*, p. 153.

A condenação sempre desafiou a argúcia da doutrina a lhe desvendar a essência. Quanto ao *conteúdo*, ela é definida pela doutrina dominante como a somatória de duas declarações, que são a *a)* violação do direito e *b)* a aplicação da *sanção* com que a lei comina o ato ilícito.[257] Esse critério é contestado sob o argumento de que, se a sanção é a consequência da violação de um preceito, fica sem justificativa a condenação do litigante vencido ao pagamento das custas processuais e dos honorários advocatícios. Sem dizer que há situações de aplicação de sanção sem condenação, como se dá com o provimento que declara a nulidade ou que desconstitua o negócio jurídico que contenha nulidade. De modo que o detalhe específico da condenação não pode ser identificado na sanção.[258]

Se em relação ao conteúdo persistem dúvidas sobre o elemento que confere identidade à condenação, a doutrina converge em defini-la por um *efeito* específico, qual seja a formação do título executivo que torna adequada a via processual da execução forçada.[259] Disso resulta a regra de que só há condenação onde é possível a execução forçada, cuja finalidade é conseguir sem o concurso da vontade do obrigado o resultado prático a que tendia a regra jurídica que não foi obedecida.[260]

Como a tutela específica das obrigações de fazer ou de não fazer por sub-rogação é impossível, visto que o resultado prescrito pelo direito material depende de uma atividade do próprio obrigado,[261] emerge que o provimento que emite uma ordem para cumprimento de um ato, atividade ou abstenção não possui natureza condenatória. Vale dizer, ele

---

257. Cf. Enrico Tullio Liebman, *Processo de execução*, São Paulo: Saraiva, 1986, p. 18.
258. Cf. Barbosa Moreira, "Reflexões críticas sobre uma teoria da condenação civil", *in Temas...*, cit., p. 74-75.
259. Cf. Cândido Rangel Dinamarco, *Execução civil*, São Paulo: Malheiros, 1994, p. 500. Conforme Piero Calamandrei, "Non sono sentenze di condanna (anche se nel dispositivo si adopra la parola 'condannare') quelle sentenze che contengono *soltanto* un ordine di prestazione, cioè, il comando rivolto all'obbligato di adempiere volontariamente. La semplice formulazione ufficiale della concreta volontà di legge che esige *dalla volontà dell'obbligato* un determinato comportamento, non è, se allo accertamento del comando non si accompagna l'assoggettamento alla coazione e quindi la eliminazione di ogni richiamo alla volontà dello obbligato, una vera condanna in senso tecnico. La sentenza che ordina all'obbligato di compiere una determinata prestazione di natura infungibile, per la quale l'ordinamento giuridico non appresti mezi adeguati di esecuzione forzata, *non* è una sentenza di condanna. La sentenza che condanna il pittore a eseguire il quadro o l'autore a scrivere il libro, non é una sentenza di condanna in senso proprio..." (Cf. La condanna, *in Opere giuridiche*, v. V, Napoli: Morano, 1980, p. 493).
260. Cf. Enrico Tullio Liebman, *Processo de execução*, cit., p. 4.
261. Cf. Cândido Dinamarco, *Execução civil*, cit., p. 500.

é de qualidade diferente daqueles que são catalogados pela classificação trinária das ações. Tanto que ao se referir ao provimento previsto no art. 28 do *Statuto dei Lavoratori*, com que o juiz ordena a reintegração do trabalhador no emprego, Enrico Tullio Liebman a qualificou como "figura anômala".[262]

Ao contrário da concepção tradicional, que classifica as ações de acordo com o critério de *gênero* e *espécie*,[263] a classificação elaborada por Pontes de Miranda concebe os provimentos com diversas eficácias que são ordenadas conforme um critério de *preponderância ou de hierarquia de efeitos*. A eficácia predominante é o que define a ação como *declaratória*, *condenatória*, *constitutiva*, *executiva* ou *mandamental*.[264] Por esse enfoque, o provimento que ordena o cumprimento de uma obrigação de fazer ou não fazer tem natureza *mandamental*: o elemento predominante é o mandado do juiz, visto que a efetivação do direito não pode ser atingida por meio dos atos de sub-rogação que caracterizam a execução forçada.[265-266]

---

262. Cf. *Manual de direito processual civil*, cit., p. 192. Cf. Crisanto Mandrioli observou que ao qualificar como título executivo a ordem de reintegração do trabalhador no emprego, a regra do art. 28 do *Statuto dei Lavoratori* conduziu a uma das duas conclusões que seguem: *a)* ou se considera que o legislador tenha implicitamente incluído a execução indireta entre as formas de execução forçada; ou *b)* se reconhece que a norma enfocada tenha derrogado a necessária correlação entre sentença de condenação e exigibilidade coativa. Concluía que no caso da reintegração, "e soltanto in questo caso", houve uma derrogação da referida correlação ("L'esecuzione specifica dell'ordine di reintegrazione nel posto di lavoro", cit., p. 18 e 32). Proto Pisani chegou a conclusão diferente, sustentando a superação da correlação condenação-execução forçada. Segundo Cristina Rapisarda, o mérito da tese de Proto Pisani "consiste nell'aver allargato le maglie del vincolo necesario tra condanna ed esecuzione forzata fino a far rientrare in tale nozione anche le tutele, come quella inibitoria, che trovano attuazione mediante l'imposizione di obblighi infungibili" (*Profili della tutela civile inibitoria*, cit., p. 206). Giuseppe Tarzia atacou a generalização do problema a partir do art. 28 do *Statuto*, afirmando se tratar de uma "ingiustificata generalizzazione" de um problema particular. ("Presente e futuro delle misure coercitive civile", cit., p. 803).

263. Cf. Clóvis do Couto e Silva, A teoria das ações em Pontes de Miranda", *in Revista Ajuris*, nº 43, Porto Alegre, 1988, p. 72 e s.

264. Cf. Pontes de Miranda, *Tratado das ações*, cit, p. 178-181. "A ideia que mais se aproximaria da realidade, em tema de classificação de sentenças, levando-se em conta seus respectivos efeitos, seria aquela de considerá-las como emanando um feixe de eficácias, capazes de serem decompostas, como a luz solar pelo espectro, e onde nenhuma sentença seja concebida como contendo apenas uma eficácia, mas duas ou mais, sendo uma delas a preponderante e pela qual se procederia a respectiva inclusão na classe que lhe coubesse". (Cf. Ovídio Baptista da Silva, Sentença mandamental, *in Sentença e coisa julgada*, Porto Alegre: Sérgio Fabris, 1988, p. 87).

265. "Na ação mandamental pede-se que o juiz mande, não só que condene... Na ação executiva quer-se mais: quer-se o *ato* do juiz, fazendo não o que devia ser feito pelo juiz *como juiz*, sim o que a parte deveria ter feito. No mandado, o ato é ato que só o juiz pode praticar, por sua estatalidade". (Cf. Pontes de Miranda, *Tratado das ações*, I, São Paulo, Revista dos Tribunais, 1972, p. 211).

266. Sobre a natureza mandamental do provimento que ordena o cumprimento específico de obrigação

A teoria quinária é criticada por ser de "difícil inteligência" em relação ao critério de "pesos" adotado para definir a eficácia predominante no provimento.[267] Além disso, afirma-se que o critério de diferenciação da eficácia mandamental em face da condenação é insatisfatório porque se resumiria à forma de efetivar o comando da sentença, sem guardar qualquer relação com a natureza da crise de direito material.[268]

Mas a crítica não invalida a tese central da concepção de Pontes de Miranda, que se funda na convivência de mais de uma eficácia no mesmo provimento.[269] Não há sentenças *só* condenatórias, *só* constitutivas e assim por diante. Há provimentos em que *prepondera* a eficácia declaratória, a condenatória, a constitutiva, a executiva ou a mandamental.[270] Como resumiu Araken de Assis, "a classificação das ações e sentenças em apenas três espécies não levava, como não levou, ao exame rigoroso dos efeitos executivos e mandamentais contidos nas ações e nas sentenças. E o que é pior: deu o mesmo tratamento a efeitos absolutamente distintos".[271]

A demonstração dessa concorrência de eficácias é encontrada no provimento que determina o cumprimento de uma obrigação de fazer ou de não fazer infungível. Se o credor insistir na tutela específica e não existir qualquer limite natural ou político à imposição das medidas coercitivas, a eficácia predominante será *mandamental*; se o credor requerer a conversão da obrigação em perdas e danos ou, então, algum limite natural ou político impedir a tutela específica, a eficácia predominante será *executiva*.

A correlação que a classificação tradicional estabelece entre condenação e execução forçada exclui a natureza condenatória do provimento que

---

de fazer ou não fazer: Kazuo Watanabe, *Código brasileiro de defesa do consumidor...*, cit., p. 525-526; Ada Pellegrini Grinover, Tutela jurisdicional nas obrigações de fazer e não fazer, *in Revista trabalho e processo*, nº 5, junho de 1995, p. 11-12; Sérgio Cruz Arenhart, *A tutela inibitória da vida privada*, São Paulo: Revista dos Tribunais, 2000, p. 182; Eduardo Talamini, *Tutela relativa aos deveres de fazer e de não fazer*, São Paulo: Revista dos Tribunais, 2003, p. 202-210.

267. Cf. Adroaldo Furtado Fabrício, *Comentários ao CPC*, cit., p. 562, nota 657.

268. Cf. José Roberto Bedaque, *Efetividade do processo e técnica processual*, São Paulo: Malheiros, 2006, p. 518; Barbosa Moreira, A sentença mandamental – Da Alemanha ao Brasi", *in Temas de direito processual: sétima série*, São Paulo: Saraiva, 2001, p. 55-56; José Ignácio Botelho de Mesquita, "A sentença mandamental", *in Revista do Advogado*, nº 78, São Paulo, Associação dos Advogados de São Paulo, setembro/2004.

269. Cf. Araken de Assis, *Manual do processo de execução*, São Paulo, Revista dos Tribunais, 1995, p. 68.

270. Adroaldo Furtado Fabrício, *op. cit.*, p. 562; Clóvis do Couto e Silva, "A teoria das ações em Pontes de Miranda", *in Revista Ajuris*, nº 43, Porto Alegre, 1988, p. 78 e s.

271. *Op. cit.*, p. 76-77.

ordena o cumprimento de um dever de fazer ou não fazer, o qual não pode levar à tutela específica por meio de sub-rogação. Por isso, ainda que a classificação quinária não seja um modelo perfeito, ela explica de maneira mais satisfatória as espécies de provimentos oferecidos pelo sistema processual após as modificações introduzidas pela reforma processual.

capítulo

5

A TUTELA JURISDICIONAL E O CUMPRIMENTO DOS DEVERES DE FAZER E NÃO FAZER

21. A tutela jurisdicional e efetividade da ordem jurídica

O OBJETIVO DO SISTEMA processual é assegurar a efetividade da ordem jurídica por meio da tutela jurisdicional. A ordem jurídica será efetiva não apenas quando as normas estiverem formalmente vigendo. *Efetividade* significa a capacidade de o sistema jurídico produzir os efeitos desejados.[272] Além da adesão espontânea das pessoas, a efetividade depende de mecanismos coercitivos que *i)* atinjam a adequação entre a prescrição abstrata da lei e a realidade prática ou que *ii)* introduzam resultados substitutivos equivalentes aos que seriam obtidos com o cumprimento espontâneo da norma jurídica.[273]

A efetividade da ordem jurídica depende de mecanismos de proteção ainda no plano do direito material.[274] Nessa esfera,

272. Cf. José Roberto Bedaque, *Efetividade do processo e técnica processual*, cit., p. 516.
273. Cf. Adolfo di Majo, *La tutela civile dei diritti*, Milano, Giuffrè, 1987, p. 50.
274. "A chamada crise da Justiça se alimenta, em dose ponderável, da incapacidade do direito material governar de maneira efetiva o dia a dia da sociedade. A Constituição e as normas administrativas não bastam para impedir ilegalidades e abusos de poder, nem o Código Civil para garantir a regularidade da vida familiar, nem o Código Penal para obstar à prática de crimes, e assim por diante. De um lado, os seres humanos não são anjos, e circunstâncias bem conhecidas concorrem poderosamente, em nosso país como alhures, para estimular comportamentos irregulares. De outro lado, há os defeitos

existem os *mecanismos consensuais de tutela* – que se integram na autonomia privada dos sujeitos da relação jurídica, como é a cláusula penal – e os *mecanismos coercitivos de tutela* – como as multas punitivas previstas na lei. O objetivo é pressionar a vontade do devedor ao cumprimento espontâneo pelo receio de agravamento da obrigação com o inadimplemento. É uma forma de efetivação do direito material mediante *cooperação*.[275]

Mas nem sempre o receio de agravamento da obrigação ou de qualquer outra medida aflitiva no plano do direito material é suficiente para levar as pessoas ao cumprimento espontâneo de seus deveres. Como o uso da força é monopólio do Estado, na autonomia privada não se compreende a possibilidade de estipular *medidas de coerção*, que se caracterizam pelo uso da força e por se dirigirem ao patrimônio ou à esfera jurídica de alguém.[276] Por isso, quando as técnicas de tutela predispostas pelo direito material não são suficientes para que o ordenamento jurídico seja obedecido de maneira espontânea, incumbe ao Estado promover a realização prática do direito sempre que houver regular provocação.[277]

De acordo com Flávio Yarshell, "a locução *tutela jurisdicional* se presta a designar o *resultado* da atividade jurisdicional – assim considerados os efeitos substanciais (jurídicos e práticos) que o provimento final projeta ou produz sobre dada relação material – em favor do *vencedor*. Nessa medida, é inegável que a locução *tutela jurisdicional* designa o resultado final do exercício da jurisdição estabelecido em favor *de quem tem razão* (e assim exclusivamente), isto é, em favor de quem está respaldado no plano material do ordenamento".[278]

A *tutela jurisdicional* não se confunde com a *atividade jurisdicional*. A atividade que culmina na tutela jurisdicional é que confere o caráter de

---

do ordenamento, a um tempo torrencial e lacunoso, assistemático, obscuro, quando não francamente contraditório, de árdua compreensão até para os profissionais do direito, e *a fortiori* para os cidadãos comuns, submetidos à cruel presunção, ou ficção, do conhecimento, praticamente inacessível à imensa maioria, de uma rede normativa com feição de tenebroso labirinto." (Cf. José Carlos Barbosa Moreira, "A justiça no limiar de novo século", *in Temas de direito processual (quinta série)*, São Paulo: Saraiva, 1994, p. 27-28).

275. Cf. Adolfo di Majo, *cit.*, p. 33-34.

276. *Ibidem*, p. 21.

277. Cf. Di Majo, *op. cit.*, p. 50-51; Felipe Augusto de Miranda Rosa, *Sociologia do direito – o fenômeno jurídico como fato social*, Rio de Janeiro: Jorge Zahar, 2004, p. 67-68.

278. Cf. *Tutela jurisdicional*, São Paulo, Atlas, 1999, p. 28; José Roberto Bedaque, *Direito e processo*, cit., p. 25.

dinamismo à tutela jurisdicional em confronto com a tutela estática das normas gerais e abstratas do direito material. A *tutela jurisdicional* é o *resultado* do processo em que se exerce a *atividade jurisdicional*. Ela não reside no provimento em si mesmo como ato processual, mas nos efeitos que ele projeta para fora do processo e para as relações entre pessoas.[279]

A tutela jurisdicional destina-se à proteção de pessoas. Quem precisa de ajuda ou de proteção não é o direito subjetivo, mas as pessoas. Tanto que nem sempre a tutela jurisdicional se exaure na proteção ao direito subjetivo, como ocorre na ação declaratória negativa, que acolhe a pretensão, reconhece a inexistência de direitos ou de relação jurídica e, apesar disso, oferece tutela jurisdicional. De qualquer maneira, esse enfoque não exclui o entendimento de que a tutela às pessoas se faz mediante a preservação de seus direitos, já que os direitos subjetivos são instrumentos jurídicos destinados à obtenção ou conservação de bens da vida, materiais ou imateriais.[280]

A tutela jurisdicional é a proteção que o Estado dispensa a quem tem razão no processo, mesmo que seja o réu. O provimento que rejeita a pretensão sempre declara algo em favor do réu: ou a existência da relação jurídica que o autor pedira que fosse declarada inexistente (improcedência da declaratória negativa) ou a inexistência de qualquer direito ou relação jurídica entre as partes. Com a formação da coisa julgada material, o afastamento da pretensão do autor será definitivo, assim como são definitivos os efeitos do provimento que acolhe a pretensão do autor quando se esgotam as vias recursais.[281]

---

279. Cf. Cândido Rangel Dinamarco, *Tutela jurisdicional*, cit., p. 812.

280. *Ibidem*, p. 825.

281. *Ibidem*, p. 827. Por isso é que quando o sindicato atua como substituto processual dos trabalhadores na defesa de *direitos individuais puros* ou *heterogêneos*, que se caracterizam pela *prevalência de questões individuais sobre as questões comuns*, a coisa julgada funciona *pro et contra*. A efetividade do provimento pressupõe a identificação dos substituídos, o que exclui o regime da coisa julgada *secundum eventum litis* prevista no Código de Defesa do Consumidor, que se aplica apenas a *direitos individuais homogêneos*, cuja dimensão coletiva permite o trato processual coletivo da pretensão. A adoção do regime da coisa julgada *secundum eventum litis* em relação aos direitos individuais puros implicaria ofensa à garantia de tutela jurisdicional do réu. (Cf. Salvador Franco de Lima Laurino, Questões atuais sobre a substituição processual, *in Revista do Tribunal Superior do Trabalho*, nº 74-3, jul/set. 2008, p. 93-103).

22. Crises jurídicas e tutela jurisdicional

A TUTELA JURISDICIONAL É dimensionada pelo próprio direito material.[282] O sistema processual pretende que às variadas espécies de situações regidas pelo direito material corresponda uma simétrica variedade de meios processuais adequados a oferecer solução efetiva em caso de insatisfação.[283]

Em busca da correspondência entre o resultado do processo e aquele que seria obtido com a obediência voluntária, o legislador estabelece uma variedade de *técnicas processuais* que se destinam a alcançar a efetividade da ordem jurídica e, por consequência, a proteção de quem tem razão no processo. A diversidade de técnicas processuais tem por finalidade debelar formas diferentes de *crises jurídicas* e, assim, oferecer solução prática adequada segundo os padrões do direito material.[284]

As *crises jurídicas* são os estados de insatisfação em que alguém se afirma prejudicado em sua esfera de direitos e pede proteção judicial para a situação lamentada na demanda. Classificam-se em *crises de certeza*, *crises da situação jurídica* e *crises de adimplemento* e guardam conexão com os *provimentos* que o sistema processual oferece com o exercício do direito de ação: *declaratório*, *constitutivo*, *condenatório*, *mandamental* e *executivo*.[285]

A *crise de certeza* é representada por dúvidas objetivas quanto a direitos e obrigações ou quanto à existência, a inexistência ou o modo de ser de relações jurídicas. Ela é solucionada por meio do provimento meramente *declaratório*. Onde havia a crise de certeza, passa a existir certeza jurídica, que é um bem jurídico imaterial. A *crise da situação jurídica* é representada pela pretensão à criação, modificação ou extinção de uma relação jurídica. Ela é solucionada por meio do provimento *constitutivo*, que cria, modifica ou extingue a relação jurídica. A *crise de adimplemento* é representada pela existência de algum direito insatisfeito porque o sujeito a quem incumbia o cumprimento da obrigação deixou de fazê-lo de maneira

---

282. Cf. José Roberto Bedaque, *Direito e processo*, cit., p. 25.
283. Cf. Cristina Rapisarda, *op. cit.*, p. 231.
284. Cf. Cândido Rangel Dinamarco, *"Tutela jurisdicional"*, cit., p. 835.
285. Cf. Cândido Rangel Dinamarco, *Instituições, I*, cit., p. 164-151, com ressalva em relação ao critério de classificação dos provimentos.

voluntária. Nesse caso, a crise é resolvida pelo provimento *condenatório, mandamental* ou *executivo*.[286]

Conforme a natureza da pretensão, a satisfação do direito de quem tem razão pode se esgotar no *plano jurídico* ou exigir *modificações físicas na realidade*.[287] A eficácia *declaratória* e a *constitutiva* atribuem tutela jurisdicional com o simples trânsito em julgado, porquanto a satisfação da pretensão é atingida no *plano jurídico*, com a eliminação da incerteza ou com a criação, modificação ou extinção da relação jurídica. Já a satisfação da pretensão nos provimentos *condenatório, executivo* e *mandamental*, que decorre do adimplemento de uma obrigação, exige *modificações físicas na realidade* para atribuir a quem tem razão o resultado prático que seria obtido com o cumprimento voluntário da prestação.[288]

Nesse grupo de situações, o resultado prático previsto no direito material é obtido conforme a natureza da prestação que deve ser cumprida pela parte vencida. Quando a satisfação do direito de quem tem razão depender de uma prestação de dar ou fazer fungível, que é objeto da eficácia condenatória ou executiva, a tutela jurisdicional *prescinde da colaboração do devedor*. Nesses casos, por meio da técnica de sub-rogação, o Estado pode apreender a coisa para entregá-la ao credor ou expropriar bens do responsável para transformá-los em dinheiro a fim de satisfazer a obrigação.[289]

Quando a satisfação do interesse do credor depender de uma prestação de *fazer infungível*, que é objeto da eficácia mandamental, a tutela jurisdicional específica depende da *colaboração do devedor*. Nessa situação, em que não há como substituir a atividade do devedor, a técnica processual adequada para garantir o resultado previsto no direito material são as *medidas coercitivas*, cujo objetivo é influir sobre a vontade do devedor de modo a conduzi-lo ao cumprimento da obrigação.[290]

---

286. *Ibidem*, p. 150.
287. Cristina Rapisarda, *op. cit.*, p. 231.
288. Cf. Barbosa Moreira, "*Tendências em matéria de execução de sentenças e ordens judiciais*", cit., p. 153.
289. Cf. Giuseppe Chiovenda, *Instituições de direito processual civil*, São Paulo: Saraiva, 1965, I, p. 288. "Em última análise, e de olho na realidade prática, a quem se rotula de parte legítima passiva na demanda executória? Todo aquele que, exitosamente, não puder livrar-se de a execução recair no seu patrimônio. E sobre quem pesa tal responsabilidade no processo executivo? Em dois grupos de pessoas: naquelas que assumiram a dívida; e, depois, naquelas que, apesar de não terem dívida alguma, expõem seu patrimônio à satisfação do crédito, porque apenas *responsáveis* pela dívida". (Cf. Araken de Assis, *Manual do Processo de Execução*, São Paulo: Revista dos Tribunais, 1995, p. 218).
290. *Ibidem*, p. 288.

O critério de adequação para a escolha da técnica de satisfação do direito – *sub-rogação* ou *coerção* – é a *fungibilidade da atividade do devedor em face do interesse do credor.* A aplicação da medida coercitiva não se presta a chantagear o devedor. Como mecanismo excepcional, ela incide apenas quando a atividade do devedor for indispensável para satisfazer o direito de quem tem razão no processo, não se prestando a pressionar a vontade do devedor ao cumprimento de obrigação de natureza fungível.

Sendo assim, é possível distinguir duas grandes formas de tutela jurisdicional. A *primeira* é quando o provimento é suficiente para oferecer efetiva proteção ao direito de quem tem razão. Nesse caso, a tutela jurisdicional é alcançada no plano jurídico, com o simples trânsito em julgado, sem que seja necessária qualquer outra atividade por parte do vencido. A *segunda* é quando o provimento se limita a estabelecer os pressupostos para a proteção, sem oferecer imediata proteção prática do direito de quem tem razão. Nesse caso, a efetividade da tutela jurisdicional pressupõe uma atividade posterior e a existência de técnicas destinadas a operar modificações físicas na realidade.[291]

23. As formas de tutela jurisdicional

As FORMAS DE *tutela jurisdicional* funcionam como um espelho do direito material, refletindo as necessidades de proteção de quem tem razão no plano do direito material. A prioridade é alcançar *tutela específica*, visto que a plena efetividade da ordem jurídica se alcança com a coincidência entre o resultado oferecido pelo processo e aquele que seria obtido com o cumprimento voluntário da obrigação.

É possível identificar três formas de tutela jurisdicional: *i)* a *tutela preventiva*; *ii)* a *tutela reintegratória* e *iii)* a *tutela ressarcitória*. Cada uma delas é concebida de acordo com a combinação de dois elementos, que são: *i)* o *momento da violação do direito* – é saber, se a violação ao direito está na iminência de ocorrer, se está ocorrendo ou já está consumada, o que

291. Cristina Rapisarda, *op. cit.*, p. 231.

significa que a ofensa pode ser *passada*, *presente* ou *futura* – e *ii)* as *possibilidades de transformação física da realidade* – é saber, se a satisfação do direito de quem tem razão depende ou não de uma atividade da parte vencida.[292]

Apesar da prioridade da tutela específica, ela ficará excluída em virtude de alguma impossibilidade *prática*. O passado é irrevogável. Se a ofensa já se consumou, os atos já praticados são irreversíveis. Eles se incorporaram à história e não há força humana capaz de apagá-los retroativamente. É possível fazer cessar a atividade ilícita ou, em alguns casos, eliminar as consequências já causadas, mas é impossível reduzir a nada o que já aconteceu. Em situações já consumadas, é impossível cogitar de tutela específica.[293]

A *tutela preventiva* destina-se a evitar a violação de um direito ou a continuidade da violação em obrigações que se projetam no tempo. Pressupõe a *ameaça* de violação ou a *ameaça de continuidade* da violação ao direito. Será *inibitória* quando a prevenção do dano tiver de ser feita mediante o veto a alguma conduta.[294] É sempre específica em relação ao *presente* e ao *futuro*, para impedir violações que se consumam de maneira instantânea ou a continuidade da violação em relações que se projetam no tempo. Em relação ao *passado*, diante da ofensa já consumada, a tutela jurisdicional não poderá ser específica, mas apenas reintegratória ou ressarcitória.

A *tutela reintegratória* tem por finalidade reconstituir as condições em que o titular do direito se encontrava antes da violação à ordem jurídica. Seu modelo teórico é a proteção da propriedade. Ela busca modificar a situação de fato em ordem a adequá-la à regra jurídica violada, em condições equivalentes àquelas existentes antes da ofensa. A tutela reintegratória é específica somente em relação ao presente e futuro, já que os atos passados são irreversíveis.[295]

---

292. Cf. Cristina Rapisarda, *Profili della tutela civile inibitoria*, cit., p. 233-234; Cf. Aldo Frignani, "Inibitoria (azione)", *in Enciclopedia di diritto*, v. XXI, p. 561; Di Majo, *Tutela civile dei diritti*, cit., p. 33-48.

293. Cf. Adolfo di Majo, *op. cit.*, p. 33.

294. Cf. Luiz Guilherme Marinoni, *Tutela inibitória (individual e coletiva)*, São Paulo: Revista dos Tribunais, 1998, p. 26.

295. Cf. Adolfo di Majo, *op. cit.*, p. 42.

A *tutela ressarcitória* visa eliminar as consequências da violação ou compensar pecuniariamente o credor que a tenha sofrido. Pode ser *específica*, quando a obrigação é de caráter pecuniário ou, então, *subsidiária*, quando é sucedânea de uma obrigação que já não permite cumprimento em forma específica.[296]

24. Obrigação e dever

NA LINGUAGEM JURÍDICA, são identificados dois sentidos fundamentais para o vocábulo *obrigação*.[297] Em sentido amplo, ele é sinônimo de *dever jurídico*, ou seja, a necessidade imposta pelo direito objetivo a uma pessoa de observar determinado comportamento, sob pena de incorrer em uma sanção.[298] Em sentido restrito, *obrigação* é o "vínculo jurídico em virtude do qual uma pessoa pode exigir de outra uma prestação economicamente apreciável".[299]

O *dever jurídico* abrange não apenas as situações de vinculação a uma conduta *específica*, como sucede nas obrigações em sentido estrito, que têm natureza patrimonial, alcançando também as situações de vinculação a um comportamento *genérico*, como se dá com os deveres gerais de abstenção que caracterizam os *direitos absolutos*. De modo que ao *dever*

---

296. Cf. Barbosa Moreira, *"A tutela específica do credor nas obrigações negativas"*, cit., p. 31. Cristina Rapisarda, *op. cit.*, p. 232-235; Di Majo, *op. cit.*, p. 43.

297. Cf. Orlando Gomes, *Transformações gerais do direito das obrigações*, São Paulo: Revista dos Tribunais, 1980, p. 163. Sobre os sentidos do vocábulo obrigação, v. Eros Roberto Grau, *Direito, conceito e normas jurídicas*, São Paulo: Revista dos Tribunais, 1988, p. 115-116; Genaro Carrió, "Sobre el concepto de deber jurídico", *in Notas sobre derecho y lenguage*, Buenos Aires: Abeledo-Perrot, 1990, p. 169-193.

298. Cf. Antunes Varela, *Das obrigações em geral*, v. I, Coimbra: Almedina, 1991, p. 51. Observa Pontes de Miranda que "quando se vai falar de 'direito das obrigações', já se restringe a tal ponto o conceito de obrigação que (...) em verdade melhor teria sido que às obrigações que são objeto do Direito das Obrigações se houvesse dado outro nome. Temos, portanto, de tratar das 'obrigações', em senso restrito, sem apagarmos o que também é obrigação e não está no Direito das Obrigações. Temos de ver que, do outro lado, ou logo após, estão obrigações que não cabem no terreno que exploramos: basta que o sujeito passivo deles seja total, 'todos', e não só 'alguém'. Por isso, "quem infringe direito absoluto fica *obrigado*, pessoalmente". (Cf. *Tratado de direito privado*, t. XXII, São Paulo: Revista dos Tribunais, 1984, p. 8 e 11).

299. Cf. Caio Mário da Silva Pereira, *Instituições de direito civil*, II, Rio de Janeiro: Forense, 1990, p. 5. Conforme esclarece Orlando Gomes, "até deveres não jurídicos se dizem vulgarmente *obrigações*, mas nem mesmo todos os deveres jurídicos podem ser designados por esse nome. Tecnicamente, *obrigação* é espécie do gênero 'dever', reservando-se o termo para designar o dever correlato a um direito de crédito". (*Op. cit.*, p. 6).

jurídico se podem contrapor não só os *direitos de crédito*, mas também os *direitos reais*, os *direitos de personalidade*, os *direitos conjugais* e os *direitos de pais e filhos*.[300]

Nesse sentido amplo, o dever é o correlato do direito subjetivo. Ao *plus*, que é o direito, corresponde o *minus* do dever.[301] Nas palavras de Pontes de Miranda, "Quem está no lado ativo da relação jurídica é o sujeito do direito; *quem* está no lado passivo é quem deve, o devedor (em sentido amplo). A atividade (= qualidade de ser ativo) de um é o direito; a passividade é o dever. (...) Mas a correlação dos direitos e deveres não significa que o direito e o dever sejam o mesmo, *visto* de dois lados diferentes. Se isso ocorre, por exemplo, na compra e venda, não é o que se passa na propriedade: o direito aparece mais do que o dever, porque o seu correlato se dilata, minguando, pulverizando-se, em dever de outras pessoas".[302]

A doutrina converge no entendimento de que o art. 461 do Código de Processo Civil emprega o vocábulo *obrigação* em sentido amplo, como sinônimo de *dever jurídico*, compreendendo outros deveres que não se acomodam no conceito restrito dos *deveres de prestação*, como são os deveres de abstenção referentes aos direitos absolutos, reais ou da personalidade, os direitos subjetivos públicos e aqueles estabelecidos para proteção de interesses coletivos ou difusos.[303]

---

300. "Durante muito tempo prevaleceu a distinção entre direitos absolutos e relativos, sendo esta distinção essencial - ao menos para muitos - para determinar a forma de tutela jurisdicional e as características do processo que lhe são adjacentes. O fundamental, em relação a essa distinção, está em se observar que, por diversas circunstâncias históricas, e conquanto o diverso regime a que se submetem essas categorias, ambas não são mais que uma só coisa. As duas espécies se resumem, afinal, na mesma noção de direito relativo obrigacional: o direito absoluto nada mais é que um direito relativo com sujeito passivo universal". (Cf. Sérgio Cruz Arenhart, *A tutela inibitória da vida privada*, São Paulo: Revista dos Tribunais, 2000, p. 56-57)

301. Cf. Pontes de Miranda, *Tratado das ações*, I, São Paulo: Revista dos Tribunais, 1972, p. 30.

302. *Ibidem*, p. 31.

303. "O atual dispositivo do art. 461 do CPC tem dimensão suficiente para abranger todas as obrigações específicas ocorrentes na vida das pessoas, seja as de origem legal, seja as de origem contratual." (Cf. Cândido Rangel Dinamarco, *A reforma do código de processo civil*, cit, p. 149); Sérgio Cruz Arenhart, *A tutela inibitória da vida privada*, cit., p. 110; Eduardo Talamini, *Tutela relativa aos deveres de fazer e de não fazer*, cit., p. 125.

24.1. Distinção entre as obrigações de dar, fazer e não fazer

Em função do *objeto* da prestação, as obrigações em sentido amplo são classificadas em *dar, fazer* e *não fazer.* De um modo geral, na obrigação de dar a prestação consiste na *entrega de uma coisa*; na de fazer ou não fazer, o objeto da prestação é um *ato* ou uma *atividade do devedor.*[304]

Nem sempre as obrigações surgem na realidade de maneira pura. Na complexidade das relações jurídicas se misturam prestações de coisas e de fatos. Muitas vezes, o cumprimento do dever implica a entrega de uma coisa e também uma atividade, como no caso clássico do artesão que fabrica a coisa para entregar ao credor.[305]

O critério de diferenciação é a *predominância* da atividade pessoal do devedor em face do resultado visado pelo credor, ainda que dessa atividade resulte a dação de coisas.[306] Nas *obrigações de dar,* interessa o *resultado* visado pelo credor, pouco importando a *atividade* do devedor, enquanto que nas *obrigações de fazer* e *não fazer* o que interessa é o aproveitamento da *atividade* do devedor.[307]

À escolha da técnica processual adequada para a efetiva tutela jurisdicional se impõe distinguir entre o *resultado* que constitui objeto das obrigações de fazer e não fazer e as *atividades* mediante as quais esse resultado poderá ser obtido, o que não exclui que para a obtenção da tutela específica seja necessário combinar mecanismos de *coerção* e de *sub-rogação.*[308]

---

304. Antunes Varela lembra que "a distinção tripartida, de natureza vincadamente escolástica, que durante muito tempo se ensinou nos manuais escolares, foi a do *dare, facere* e *non facere,* que substituiu a mais antiga (*dare, facere* e *praestare,* tendo esta última, fiel à formação etimológica do vocábulo, o sentido de *prestar garantia, responder* pela *indemnização devida*)." A classificação adotada pela doutrina mais moderna "distingue entre as *prestações de facto* e as *prestações de coisa,* conforme o seu objecto se esgota num *facto* ou se refere a uma *coisa,* que constitui o objecto *mediato* da obrigação" (*Ibidem,* p. 82); v. Moacyr Amaral Santos, *Ações cominatórias no direito brasileiro,* São Paulo: Max Limonad, 1958, p. 187-188.

305. Cf. Carvalho Santos, *Código civil brasileiro interpretado,* XI, 1936, p. 24. "Nem sempre é fácil distinguir a obrigação de dar da de fazer, e assim procedeu Vittorio Pollaco, como entre nós Tito Fulgêncio. Os casos extremos não padecem dúvida, pois que uma envolve uma *traditio* ou entrega, e outra uma ação pura. Mas numa zona grísea existem prestações que reclamam acurada atenção, como, no exemplo clássico, o caso do artesão que manufatura a coisa para o credor, ou, em termos de direito positivo brasileiro, a empreitada, em que existe o *facere* no ato de confeccionar e um *dare* no de entregar a coisa elaborada, sendo ambos os momentos integrantes da prestação". (Cf. Caio Mário da Silva Pereira, *Instituições...,* cit., v. II, p. 36).

306. Cf. Araken de Assis, *Manual do processo de execução,* São Paulo: Revista dos Tribunais, 1995, p. 251.

307. Cf. Orlando Gomes, *Obrigações,* cit., p. 37-38.

308. Cf. Giuseppe Chiovenda, *Instituições de direito processual civil,* cit., p. 288.

24.2. As obrigações positivas e negativas e sua projeção no tempo

Quando o *elemento predominante* para a concretização do direito de quem tem razão depender de uma determinada *atividade*, ela pode ser definida como *positiva* ou *negativa* e como *instantânea* ou *duradoura*.

São *positivas* as obrigações de *dar* e de *fazer* cujas prestações consistem na prática de um ou de vários atos do devedor. As obrigações *negativas* são aquelas em que o devedor se vincula a um comportamento negativo, que pode consistir numa *abstenção* ou em um *ato de tolerância*.[309]

Ao contrário das obrigações positivas, que se consumam com um ato específico do devedor, o cumprimento das obrigações negativas se concretiza com a conduta omissiva. Nesses casos, a violação ao direito se consuma com a prática do ato proibido ao devedor, como ocorre em relação aos *direitos absolutos* – quer sejam *reais*, quer sejam da *personalidade* –, aos *direitos subjetivos públicos* e aos direitos impostos para a salvaguarda de *direitos difusos ou coletivos*.[310]

A natureza da obrigação no tempo – *instantânea* ou *duradoura* – também tem de ser levada em consideração no momento de definir a maneira de proteger a situação de quem tem razão no processo.[311]

Se a obrigação for *instantânea*, o comportamento contrário ao direito esgota-se num só momento ou num período de tempo de duração praticamente irrelevante, de modo que a tutela específica pressupõe o impedimento da ofensa *potencial*.[312]

Se a obrigação for *duradoura*, a ofensa ao direito se projeta no tempo. Portanto, a tutela específica pressupõe o impedimento da ofensa *potencial*

---

309. Cf. Orlando Gomes, *Obrigações*, cit, p. 40. "Dentro da categoria da prestação de facto negativa nota-se a existência de, pelo menos, duas variantes distintas. Nuns casos, o devedor compromete-se apenas a não fazer (*non facere*): não praticar certos atos. Noutros, o devedor fica apenas obrigado a consentir ou tolerar (*pati*) que outrem (o credor) pratique alguns atos a que, de contrário, não teria direito..." (Cf. Antunes Varela, *op. cit.*, p. 84).

310. Cf. Barbosa Moreira, "A tutela específica do credor nas obrigações negativas", *in Temas...*, cit., p. 31. "Aos direitos difusos ou coletivos se relacionam, via de regra, deveres de abstenção, como o de não perturbar o equilíbrio ecológico, o de não colocar à venda produtos que acarretem riscos de dano à saúde do consumidor, o de não utilizar imagem sem autorização da pessoa etc." (Cf. Joaquim Felipe Spadoni, *Ação inibitória – ação preventiva prevista no art. 461 do CPC*, São Paulo: Revista dos Tribunais, 2002, p. 68).

311. Cf. Antunes Varela, *op. cit.*, p. 93.

312. *Ibidem*, p. 93.

ou, se ela já começou, implica a cessação com a maior brevidade possível do comportamento contrário ao direito.[313]

25. A infungibilidade da atividade: o elemento de adequação das medidas coercitivas

A IMPOSIÇÃO DE MEDIDAS coercitivas é cabível quando a *atividade* a ser praticada pelo devedor for *infungível*, assim entendida em função da impossibilidade de se atingir o resultado prático programado pelo direito material se não houver a colaboração do devedor.

Quando o resultado visado pelo credor puder ser obtido sem a atividade do devedor, os meios de sub-rogação surgem como o mecanismo adequado para atribuir tutela jurisdicional e, ao menos a princípio, excluem as medidas coercitivas, que não se destinam ao agravamento da obrigação.[314]

Vários fatores vinculam a concretização do direito a um ato pessoal do devedor. Em linhas gerais, é *infungível* a atividade dependente em altíssimo grau das condições pessoais do obrigado e '*só por ele exequível*', conforme dispõe a parte final do art. 247 do Código Civil. Cuida-se da atividade que só pode ser praticada pelo devedor, de modo que a tutela específica depende de sua colaboração.[315]

---

313. Nos casos de prestação instantânea, em que a lesão consuma-se *uno actu*, a violação do direito comporta apenas tutela sacionatória; se a prestação for permanente ou de trato sucessivo, pela invocação oportuna da tutela é possível evitar o exaurimento da situação antijurídica. Por essa razão, diz que, nesses casos, a "tutela específica tem sempre em vista o *futuro*, é essencialmente *preventiva*". (Cf. Barbosa Moreira, "A tutela específica do credor nas obrigações negativas", cit., p. 34).

314. Processual Civil. Fazenda Pública. Obrigação de pagar quantia certa. Astreintes. Não cabimento. 1. Consoante a jurisprudência do STJ, em se tratando de obrigação de fazer (art. 461, § 4º, do CPC), bem como de entrega de coisa (art. 461-A, § 3º, do CPC), o juiz, de ofício ou a requerimento da parte, pode fixar multa cominatória contra a Fazenda Pública para forçá-la ao cumprimento da obrigação no prazo determinado. 2. No entanto, na hipótese de obrigação de pagar quantia certa, predomina no STJ o entendimento de que "a multa é meio executivo de coação, não aplicável a obrigações de pagar quantia, que atua sobre a vontade do demandado a fim de compeli-lo a satisfazer, ele próprio, a obrigação decorrente da decisão judicial. (...) Em se tratando da Fazenda Pública, qualquer obrigação de pagar quantia está sujeita a rito próprio, ainda que decorrente da conversão de obrigação de fazer ou de entregar coisa, (CPC, art. 730 do CPC e CF, art. 100 da CF)" (REsp nº 784.188/RS, relator Ministro Teori Zavascki, *DJ* de 14/11/2005).4. Recurso especial parcialmente conhecido e, nessa parte, não provido. (*STJ*, Min. João Otávio de Noronha, 2ª Turma, RESp nº 371004/RS, *DJ* 06/04/2006).

315. "É um velho problema, que através de séculos desafiou a argúcia de juristas e legisladores, o da execução das sentenças que condenam o réu à realização de certa atividade. Boa parte das dificuldades que se costumavam suscitar nesse terreno foi no entanto afastada pela moderna técnica, ao consagrar

Essa vinculação também pode decorrer de circunstâncias especiais que tornem impossível, material e até juridicamente, a prestação por outra pessoa que não o devedor. Ainda que determinado ato não esteja ligado a qualidades pessoais do devedor, as peculiaridades do litígio podem tornar inviável a tutela específica mediante ato de terceiro. São obrigações que, embora a princípio pareçam natural e juridicamente fungíveis, comportam particular dificuldade ou complexidade qualitativa ou quantitativa na sua realização por parte de um terceiro.[316]

Por essa perspectiva, compreende-se por infungível qualquer atividade que, para obtenção do resultado perseguido por quem tem razão, somente possa ser praticada pelo devedor, seja por qualidades personalíssimas ou por circunstâncias especiais decorrentes do contexto em que está integrada a situação à qual se destina a proteção judicial.[317]

O critério decisivo para a identificação da infungibilidade é o interesse do credor. Nas palavras de Calvão da Silva, "Só em função do interesse concreto do credor, determinante e resultante de uma concreta relação jurídica estabelecida como meio ou instrumento técnico-jurídico para satisfação desse mesmo interesse concreto, se pode resolver a questão da fungibilidade ou da infungibilidade." [318]

---

uma distinção baseada na índole *fungível* ou *infungível* da atividade a que se refere a condenação. É com efeito notório que em algumas hipóteses o interesse do credor vitorioso só ficará satisfeito mediante a prestação pelo *próprio devedor*...; ao passo que noutras o que realmente interessa é menos a atividade em si do que o *resultado* dela, e esse resultado tanto se pode obter do devedor quanto de terceiro. (Cf. Barbosa Moreira, "A execução para prestação de fato do direito português e a reforma do processo civil brasileiro, *in Revista de Direito da Procuradoria Geral do Estado da Guanabara*, 1972, p. 179).

316. Cf. Andrea Proto Pisani, *Appunti sulla giustizia civile,* cit., p. 124.

317. Assim também Luigi Montesano: "(...) dalle considerazioni svolte poc'anzi risulta chiaro come tale infungibilità vada riferita non al bene dovuto (...) ma alla impossibilità che quel bene sia prodotto o conservato da un'attività o da un'astensione di persona diversa dal debitore. Tale impossibilità è talvolta evidente o per la natura stessa di quell'atività o astensione o per le concrete circostanze che la riguardano..." (Cf. "Esecuzione specifica", in *Enciclopedia del diritto,* XV, Milano, 1966, p. 533).

318. *Op. cit.,* p. 368. Exemplo prático é quando há o reconhecimento judicial da relação de emprego e é necessária a anotação do contrato na carteira de trabalho. Embora a lei preveja a realização do ato pelo diretor da secretaria do juízo (CLT, art. 39, § 1º), o que excluiria a infungibilidade da atividade do empregador, o documento fica marcado com os carimbos oficiais e expõe o trabalhador ao risco de discriminação na busca de emprego. Com o entendimento de que a obrigação é infungível: Retificação da CTPS do Trabalhador. Obrigação de fazer imposta na sentença. Multa cominatória prevista no Art. 461, § 4º, da CLT. Aplicabilidade. Num contexto em que a retificação da CTPS pelo empregador é a providência mais adequada à efetiva tutela do direito do autor e não impõe nenhuma medida excessiva ao demandado, ele deve ser compelido a adimplir a obrigação, sob pena de multa, na forma do art. 461, § 4º, do CPC (TRT 12ª Região, Juiz Jorge Luiz Volpato, DOE/SC, 29-VII-2008). Em sentido contrário:

As obrigações negativas são sempre infungíveis, já que se pretende *do obrigado mesmo*, e não de qualquer outra pessoa, que guarde a abstenção devida.[319] Em função disso, o interesse de postular a proteção judicial surge com a *ameaça* de violação, ou seja, com a possibilidade objetiva de ofensa ao direito.

Se a ameaça se transformar em violação, surge para o ofensor uma obrigação que, agora, será positiva, ou seja, um *desfazer*, que pode ou não ser infungível. Quando a obrigação se projeta no tempo, a violação implica o *desfazer* para o *passado*, em atividade que pode ou não ser infungível; para o *presente* e para o *futuro*, o dever de não fazer continua personalíssimo, e, portanto, *infungível*. [320]

---

obrigação de fazer fungível. Anotação da Carteira de Trabalho. Multa coercitiva. Descabimento. O direito processual moderno privilegia a tutela específica da obrigação de fazer, com a execução direta em face do próprio devedor, de modo que o credor obtenha, judicialmente, o mesmo resultado prático equivalente ao adimplemento espontâneo da obrigação. Nessa esteira vieram as alterações do art. 461 do CPC e, mais recentemente, a modificação do art. 287 do CPC (Lei nº 10.444/2002). Portanto, não prevalece mais o sistema anterior, que restringia o cabimento da multa coercitiva às hipóteses de condenação em obrigações de fazer infungíveis (pela impossibilidade de prestação da atividade por terceiro). 2. Entretanto, na hipótese de anotação da carteira de trabalho, a satisfação do credor por atividade de terceiro (Secretaria da Vara do Trabalho) atinge, juridicamente, o mesmo resultado que a anotação pelo devedor, e, em boa parte das vezes, de forma até mais célere e menos problemática. Logo, a utilização da técnica de imposição de multa coercitiva não se justifica neste caso, porque, em sentido oposto à própria razão de ser do instituto, poderia prolongar uma execução que seria imediatamente encerrada com a anotação da carteira pela Secretaria do Juízo. Recurso conhecido, por divergência jurisprudencial, e não provido (TST, Juiz Convocado Altino Pedrozo dos Santos, 2ª Turma, RR - 693250/2000, DJ 04/10/2002). Em posição intermediária, a conclusão do 1º Fórum de Direito Material e Processual da Justiça do Trabalho de Santa Catarina, realizado no ano de 2008: Anotação ou Retificação da CTPS. Não Referência à origem Judicial da Ordem. I - A CTPS deve ser anotada ou retificada pelo próprio empregador, sem remissão à ordem judicial para anotação, sob pena de aplicação de multa e de indenização no caso de descumprimento. II - Na hipótese de anotação pela Secretaria, não será feita remissão à ordem judicial, não serão apostos carimbos ou marcas oficiais e o ato será certificado nos autos, expedindo-se dele certidão para entrega ao trabalhador juntamente com a CTPS.

319. Cf. Barbosa Moreira, "*Tendências em matéria de execução de sentenças e ordens judiciais*", cit., p. 160.

320. Ada Pellegrini Grinover ressalta que se deve ter cautela na afirmação corrente de que as obrigações de não fazer seriam sempre infungíveis. "É que, como bem salientou Vittorio Denti, *a)* em caso de proibição violada, surge do inadimplemento um comando positivo e, em substituição à obrigação de não fazer, ter-se-á a obrigação de fazer o necessário para repor o *status quo ante*; e *b)* violado um comando positivo, oferecem-se meios para a produção do resultado que o obrigado sonegou ao credor." (Cf. "Tutela jurisdicional nas obrigações de fazer e não fazer", cit., p. 5).

26. Os limites naturais e políticos à tutela específica nos deveres de fazer e não fazer

As medidas coercitivas devem ser impostas de forma a vencer a resistência do devedor e conduzi-lo ao cumprimento específico de seu dever de fazer ou não fazer. Se não existir um *limite natural* ou *político,* a obstinação do devedor em descumprir a ordem judicial não é por si só capaz de excluir a tutela específica.[321]

Os *limites naturais* à tutela específica são aqueles que configuram obstáculo intransponível ao cumprimento da atividade por motivo alheio à vontade do obrigado, como ocorre com a morte, a doença, a invalidez, a inabilitação legal, a falência etc.[322]

Em termos gerais, os *limites políticos* estão delineados ao redor dos direitos da personalidade. Sempre que estiver em causa o cumprimento de obrigações que não possa ser seguido de coerção, mesmo que de cunho patrimonial, sem violência a atributo essencial da personalidade do devedor, a aplicação das medidas coercitivas é ilegítima e, portanto, deve ser excluída.

Também quando a *espontaneidade* for elemento decisivo para atribuir o resultado a que o litigante vitorioso tem direito, como nas obrigações de criação artística e científica, a aplicação das medidas de coerção se afigura inadequada. Como são incapazes de produzir o efeito espiritual desejado, elas servem apenas para produzir consequências vexatórias ao obrigado.[323]

---

321. Cf. Barbosa Moreira, "Tendências em matéria de execução de sentenças e ordens judiciais", cit., p. 155; Cândido Rangel Dinamarco, *Execução civil*, cit., p. 293.

322. Cf. Calmon de Passos, *Inovações no código de processo civil,* Rio de Janeiro: Forense, 1995, p. 57.

323. Conforme Calvão da Silva, "A inspiração do autor, suas ideias, sua criação, numa palavra, sua arte, não podem tornar-se subitamente fecunda pela presença de uma *astreinte*. Pode o autor ter vontade de cumprir, de realizar a obra intelectual a que se vinculou, mas faltar-lhe temporariamente a inspiração. Mas esta reclama espontaneidade e livre concentração, e poderia, assim, ser contraproducente a aplicação da técnica coercitiva... A razão de ser da sanção pecuniária é a de exercer pressão sobre a vontade do devedor; mas as criações de espírito e do gênio dependem em grande medida de fatores desconhecidos, subtraídos à vontade do autor". Ele refere o seguinte caso: "um ator de renome é contratado para representar um personagem famoso. Subsequentemente, após vários ensaios, recusa-se a cumprir o contrato, por sentir que não está a encarnar bem o exigente papel a que se vinculou. Não vemos como, neste caso, possa condenar-se o ator no cumprimento sob sanção pecuniária compulsória, sem violar a própria personalidade. Não será a coerção patrimonial a fazer nascer a qualidade do cumprimento, os gestos específicos, os sorrisos, as caretas, os tons de voz e de declaração, em suma a mímica necessária à encarnação do personagem famoso" (*op. cit.*, p. 479-488). Nos Estados Unidos prevalece outra orientação. Hazard & Taruffo observam que o caso clássico para indagação "è quello del contratto per una representazione teatrale da parte di un artista di primo piano, come un famoso cantante d'opera. In passato le corti di *equity* rifiutavano di concedere la *specific performance* in casi di questo genere. Esse erano riluttanti ad imporre coercizioni

O direito à tutela jurisdicional é direito fundamental, assim como são os direitos da personalidade. Mas os direitos fundamentais não são absolutos. A interpretação de um deles não pode ser levada ao extremo de aniquilar outros direitos igualmente protegidos pela Constituição.[324] Se no mais das vezes predomina o direito à tutela específica, em outras situações é desejável que prevaleça algum atributo da personalidade de quem não tem razão.

A colisão de direitos fundamentais impõe a necessidade de *ponderação*.[325] Como assinala Luis Roberto Barroso, "A subsunção, por óbvio, não é capaz de resolver o problema, por não ser possível enquadrar o mesmo fato em normas antagônicas. Tampouco podem ser úteis os critérios tradicionais de solução de conflitos normativos – hierárquico, cronológico e da especialização – quando a colisão se dá entre disposições da Constituição originária. Nesse cenário, a ponderação de normas, bens ou valores é a técnica a ser utilizada pelo intérprete, por via da qual ele *(i)* fará *concessões recíprocas*, procurando preservar o máximo possível de cada um dos interesses em disputa ou, no limite, *(ii)* procederá à *escolha* do direito que irá prevalecer, em concreto, por realizar mais adequadamente a vontade constitucional".[326]

Não existem critérios definitivos em termos gerais e abstratos para solucionar as situações de conflito entre direitos fundamentais. Somente em face de circunstâncias concretas é que se poderá determinar a relação de prevalência, dizer qual direito tem mais peso do que o outro. E como

---

del comportamento individuale in quasi nei quali ritenevano che sarebbe stato impossibile assicurare un adempimento in buona fede della prestazione dovuta. Ci si accorse poi, tuttavia, che il risultato avrebbe potuto essere conseguito indirettamente. Al cantante che rifiutava di esibirsi si poteva ordenare di non cantare in nesun altro luogo finché non avesse adempiuto ai suoi obblighi contratualli, e poiché l'inattività forzata sarebbe stata contraria al suo interesse, ne sarebbe derivata di solito un'imediata esecuzione del contratto". (Cf. *La giustizia civile negli Stati Uniti*, cit., p. 237-238).

324. "Quando há colisão de direitos fundamentais, não se pode proteger incondicionalmente um deles sem tornar o outro inoperante. Basta pensar, para ficarmos num exemplo, no direito à liberdade de expressão, por um lado, e no direito de não ser enganado, excitado, escandalizado, injuriado, difamado, vilipendiado, por outro. Nesses casos, que são a maioria, deve-se falar de direitos fundamentais não *absolutos*, mas *relativos*, no sentido de que a tutela deles encontra, em certo ponto, um limite insuperável na tutela de um direito igualmente fundamental, mas concorrente. (Cf. Norberto Bobbio, *A era dos direitos*, cit., p. 42).

325. Cf. Gomes Canotilho, *Direito constitucional*, cit., p. 647.

326. *Op. cit.*, p. 21. "A lesão de um bem não deve ir além do que é necessário ou, pelo menos, é 'defensável' em virtude de outro bem ou de um objetivo jurídico reconhecido como de grau superior. É evidente que, mesmo observando estes princípios, fica ainda uma margem livre muito ampla para uma valoração judicial pessoal." (Cf. Karl Larenz, *Metodologia da ciência do direito*, cit., p. 491-501).

sempre é uma questão de opinião estabelecer qual o ponto em que termina um e começa o outro, a delimitação do âmbito de um direito fundamental é extremamente variável e não pode ser estabelecida de uma vez por todas.[327]

Exemplo de colisão de direitos fundamentais, envolvendo limite à tutela jurisdicional específica no confronto com o direito de personalidade, é encontrado na jurisprudência recente do Supremo Tribunal Federal. Em ação de investigação de paternidade, o réu foi obrigado a se submeter à força ao exame de DNA sob o argumento de que o direito da criança em ter a certeza sobre a paternidade sobrepunha-se ao seu direito à integridade física.

Ponderando os valores em disputa, o Ministro Marco Aurélio anotou no voto que prevaleceu: "Discrepa, a mais não poder, de garantias constitucionais implícitas e explícitas – preservação da dignidade humana, da intimidade, da intangibilidade do corpo humano, do império da lei e da inexecução específica e direta de obrigação de fazer – provimento judicial que, em ação civil de investigação de paternidade, implique determinação no sentido de o réu ser conduzido ao laboratório, "debaixo de vara", para coleta do material indispensável à feitura do exame de DNA. A recusa resolve-se no plano jurídico-instrumental, consideradas a dogmática, a doutrina e a jurisprudência, no que voltadas ao deslinde das questões ligadas à prova dos fatos".[328]

27. O tempo e a efetividade da tutela jurisidicional

A NECESSIDADE DE PROTEGER direitos contra a demora na prestação jurisdicional e, ao mesmo tempo, agir com a certeza necessária para evitar a invasão indevida na esfera jurídica do réu, sempre se colocou como um desafio em direção à elaboração de um processo capaz de aportar na conciliação entre duas exigências geralmente contrastantes, que são a da *celeridade* e a da *ponderação*.[329]

327. Cf. Norberto Bobbio, *A era dos direitos*, cit., p. 42.

328. STF, Tribunal Pleno, Rel. Min. Marco Aurélio, HC 71373/RS – Rio Grande do Sul, DJ 22/11/1996.

329. "O valor que o tempo tem no processo é imenso e, em grande parte, desconhecido. Não seria atrevimento comparar o tempo a um inimigo, contra o qual o juiz luta sem tréguas. De resto, também sob esse aspecto, o processo é vida. As exigências postas ao juiz em relação ao tempo são três: deter, retroceder, acelerar o seu curso". (Cf. Francesco Carnelutti, *Diritto e processo*, Napoli: Morano, 1958,

Como lembra Galeno Lacerda, "a milenar lição da história revela a coexistência de dois sistemas processuais perfeitamente diferenciados: um, a iniciar-se com mandado liminar de autoridade; outro, a pressupor o equilíbrio e a igualdade dos litigantes no contraditório. O processo não passa, no fundo, de um produto da cultura e da civilização do meio onde atua. Num ambiente de individualismo jurídico, o rito processual se torna lento, pesado, longo no tempo. Na medida, porém, em que preponderem valores sociais, a tendência se inverte, em favor do procedimento sumário. O ideal haverá de residir, evidentemente, no justo equilíbrio destas tensões".[330]

A luta contra os efeitos do tempo ganhou maior relevância porque ao longo do século XX a sociedade se tornou mais complexa e os instrumentos processuais – com o banimento dos processos sumários, vistos como incompatíveis com os princípios e objetivos da ideologia liberal, que buscava um processo voltado para a descoberta da verdade e capaz de oferecer a indispensável segurança de que as relações jurídicas necessitam para se desenvolver – deixavam sem alternativa de realização, ainda que provisória, as pretensões de urgência que exigem pronta providência jurisdicional.[331]

A sabedoria do legislador do processo está em saber distribuir o custo imposto pelo tempo de maneira equilibrada entre os litigantes, a fim de não onerar exclusivamente um deles em benefício do seu adversário. Por isso, em nome da *justiça*, em algumas situações é necessário sacrificar a *certeza* e a *segurança* que são obtidas mediante a cognição plenária para evitar o perecimento do direito de quem tem razão.[332]

---

nº 232, p. 353). "La funzione dei provvedimenti cautelari nasce dunque dalla *relazione che passa tra due termini*: la necessità che il provvedimento, per esser praticamente efficace, sia emanato senza ritardo, e la inettitudine del processo ordinario a creare senza ritardo un provvedimento definitivo. È questo un di quei casi (la disciplina dei quali costituisce forse il più antico e più difficile problema pratico di ogni legislazione processuale) in cui la necessità di far presto si urta contro la necessità di far bene". (Cf. Piero Calamandrei, *Introduzione allo studio sistematico dei provvedimenti cautelari*, Padova: CEDAM, 1936, p. 19-20).

330. Cf. Galeno Lacerda, *"Mandados e sentenças liminares"*, cit., p. 18.

331. Cf. Ovídio Baptista da Silva, *Comentários ao CPC*, v. IX, Porto Alegre, LeJur, 1986, p. 16.

332. Cf. Ovídio Baptista da Silva, *"Tutela antecipatória..."*, cit., p. 126.

28. A cognição na antecipação da tutela: o § 3º do art. 461 do Código de Processo Civil

A COGNIÇÃO É TÉCNICA fundamental na elaboração das formas de tutela jurisdicional. Ela pode ser definida como o ato de inteligência consistente em considerar, analisar e valorar as alegações e as provas em relação às questões de fato e de direito deduzidas no processo, de cuja solução depende o acolhimento ou a rejeição da pretensão deduzida na demanda.[333]

A cognição do juiz tem dois objetos diferentes: a *verificação dos fatos* e a *aplicação do direito*. A primeira dessas operações tem caráter histórico, porque seu escopo é investigar os fatos relevantes para a solução da causa; a outra operação consiste na valoração jurídica dos fatos conforme o direito material, da qual o juiz extrairá as consequências jurídicas que levarão ao acolhimento ou à rejeição da pretensão.[334]

A cognição desenvolve-se no *plano horizontal* e no *plano vertical*. No *plano horizontal*, isto é, em *extensão*, o conhecimento é dirigido para a solução das questões envolvendo o *processo*, a *ação* e o *mérito*. Aqui, a cognição pode ser *plena* ou *limitada*, segundo a extensão que a lei permite para a apreciação dessas questões. Um exemplo de *cognição plena* é o procedimento comum do processo de conhecimento – sumário ou ordinário –, em que os litigantes podem veicular todas as defesas úteis. Uma hipótese de *cognição parcial* são os embargos de terceiro, em que se pode discutir apenas a responsabilidade para a satisfação da obrigação, e não questões ligadas à própria execução.[335]

No *plano vertical*, ou seja, em *profundidade*, a cognição pode ser *ordinária*, quando completa, ou *sumária*, quando incompleta. Aqui, a cognição refere-se à profundidade da investigação da veracidade das alegações de fato. Nesse plano, o juiz atua como um historiador que busca a reconstituição de fatos passados. Como ele trabalha com *probabilidades* e não com *verdades*,[336] seu espírito passa por vários estados: ignorância, dúvida,

333. Cf. Kazuo Watanabe, *Da cognição no processo civil*, São Paulo: Revista dos Tribunais, 1990, p. 41.

334. Cf. Enrico Tullio Liebman, *Manual de direito processual civil*, cit., p. 165.

335. Cf. Kazuo Watanabe, *Da cognição...*, cit., p. 83-87.

336. Tratando da fixação dos processualistas pela verdade, Piero Calamandrei assinala que quando se diz que um fato é verdadeiro, quer-se dizer, em essência, que ele apenas alcançou na consciência de quem o

propensão a afirmar equilibrada pela propensão a negar, predominância da propensão para um ou outro daqueles sentidos e, finalmente, a certeza, que é o mais elevado grau de probabilidade.[337]

Em escala imaginária, a cognição comporta três níveis de profundidade: a *verossimilhança* (na perspectiva do juiz, os motivos convergentes e divergentes à aceitação de determinada afirmativa de fato empatam: se o espírito não se anima a admitir também não ousa rejeitar), a *probabilidade* (na perspectiva do juiz, preponderam os motivos convergentes à aceitação de determinada afirmativa de fato) e a *certeza* (na perspectiva do juiz, os motivos divergentes à aceitação de determinada afirmativa de fato ficam afastados).[338]

A cognição sumária não busca a probabilidade máxima, correspondente à *certeza*, mas apenas um juízo de *probabilidade* ou de *verossimilhança*.[339] É a cognição própria das situações de perigo, que, por exigirem soluções de urgência, não permitem investigação profunda.[340] Nesses casos, o juiz tem que decidir antes que os litigantes tenham exercido todas as oportunidades de defesa previstas no procedimento. Em contrapartida, a decisão tem natureza provisória e, após se esgotarem as oportunidades de participação em contraditório previstas no procedimento, ela será substituída por uma

---

examina aquele grau máximo de verossimilhança que, em relação aos limitados meios de conhecimento de quem o examina, basta para conferir certeza de que aquilo aconteceu. A investigação das alegações de fato não busca a verdade lógica ou moral, mas a verdade dos fatos ocorridos, das verdades históricas, para as quais Voltaire, no *Dicitionnaire Philosophique*, já advertia que "as verdades históricas não são mais que probabilidades". Acrescenta que mesmo ao juiz mais atento e escrupuloso vale o fatal limite de relatividade que é própria da natureza humana: aquilo que se vê é apenas aquilo que nos fazem ver. Não verdade, mas verossimilhança: isto é, aparência (que pode ser também ilusão) de verdade. Assim, conclui que todas as provas, se bem examinadas, não passam de verossimilhança. (Cf. "Verità e verosimiglianza nel processo civile", *in Rivista di diritto processuale*, 1955, nº 3, p. 165-192). Daí Cândido Rangel Dinamarco dizer que "aquilo que os juristas se acostumaram a interpretar como exigência de certeza para as decisões nunca passa de mera *probabilidade*, variando somente o grau da probabilidade exigida e, inversamente os limites toleráveis dos riscos". (Cf. *A instrumentalidade...*, cit., p. 238).

337. Cf. Lopes da Costa, *A administração pública e a ordem jurídica privada*, p. 333, cit. por Adroaldo Furtado Fabrício, *Comentários ao CPC*, cit., p. 269-270.

338. Cf. Cândido Dinamarco, *A reforma do código de processo civil*, cit., p. 143. De acordo com Nicola Malatesta, em relação a determinada alegação de fato é possível sustentar ser possível uma *mínima* probabilidade de correspondência com a verdade, que denomina de *verossímil*; uma probabilidade *média*, que chama de *provável* e a probabilidade *máxima*, que seria o *probabilíssimo*. (Cf. *A lógica das provas em matéria criminal*, v. I, São Paulo: Saraiva, 1960, p. 68).

339. Cf. Piero Calamandrei, *Introduzione allo studio sistematico dei provvedimenti cautelari*, cit., p. 63.

340. Cf. Luiz Guilherme Marinoni, *Tutela cautelar e tutela antecipatória*, São Paulo, Revista dos Tribunais, 1992, p. 23.

decisão proferida mediante juízo de certeza, com aptidão para adquirir a autoridade da coisa julgada.

Com o objetivo de atribuir tutela específica em situações de urgência que envolvam o cumprimento de deveres de fazer e não fazer, a regra inscrita no § 3º do art. 461 do Código de Processo Civil prevê a antecipação da tutela, mediante cognição sumária, quando *for relevante o fundamento da demanda* e houver *justificado receio de ineficácia do provimento final.*

Na perspectiva do juiz, o exame do cabimento da providência deve ser feito mediante um juízo de probabilidade da existência do fato contrário ao direito em combinação com a avaliação da probabilidade da tutela específica se tornar impossível se a medida não for concedida em caráter de urgência.

Se a alegação for *improvável*, a liminar deve ser denegada, do mesmo modo que, se for *provável* e estiver configurado perigo da tardança, deve ser concedida. A *verossimilhança* convida o juiz à curiosidade, à pesquisa mais profunda dos fatos. Daí o § 3º do art. 461 do Código de Processo Civil prever a possibilidade de realização de audiência de *justificação prévia*, com a prévia citação do réu. É a oportunidade de demonstração liminar dos requisitos necessários para a antecipação da tutela naquelas situações que se respaldam em fatos cujas afirmativas são de difícil comprovação documental.[341] Nas palavras de Lopes da Costa, a justificação prévia é a prova que traz ao espírito do juiz não a certeza, "mas a *plausibilidade*, um grau mais forte que a simples *verossimilhança*. Justificar é provar *quantum satis*, o quanto baste para fazer a inteligência do juiz se inclinar para aceitar a alegação".[342]

29. Antecipação de tutela e pagamento de soma em dinheiro

Existem situações em que o pagamento de soma em dinheiro, que é uma obrigação de dar, tem por objetivo satisfazer um direito não patrimonial, como o direito à saúde ou à educação.[343] A vítima de ato ilícito

341. Cf. Adroaldo Furtado Fabrício, *Comentários ao CPC*, cit., p. 268-270.

342. Cf. Lopes da Costa, *A administração pública e a ordem jurídica privada*, p. 333, cit. por Adroaldo Furtado Fabrício, *Comentários ao CPC*, cit., p. 269-270.

343. Cf. Andrea Proto Pisani, *Appunti sulla giustizia civile*, cit., p. 20.

que precisa realizar urgentemente despesas médicas, obviamente, não pode esperar o tempo do procedimento ordinário. Se for possível evidenciar o direito e a necessidade, ela tem direito à antecipação do pagamento. [344]

São casos extremos em que a efetiva concretização do direito aparente exige uma resposta jurisdicional rápida, que não se compatibiliza com a lentidão dos processos de condenação e de execução forçada. Apenas o pagamento em caráter de urgência ou, então, com pontualidade, quando se cuida de obrigações duradouras, é capaz de satisfazer o direito de quem tem razão.

Os valores envolvidos no litígio conferem à *atividade* do devedor o elemento de predominância em face do interesse do credor. A satisfação do direito exige o *pronto* ou *pontual* pagamento e não o pagamento a qualquer tempo. Como é necessária a colaboração do réu para a obtenção da tutela específica, predomina a eficácia mandamental, o que justifica a aplicação de medidas coercitivas como meio de pressionar a vontade do devedor ao cumprimento pontual.

O tratamento que a lei atribui ao pagamento dos alimentos consiste em bom exemplo dessa situação. Embora a obrigação seja de *dar*, a efetividade da tutela jurisdicional depende da *pontualidade* no pagamento, porquanto as *necessidades primárias* a serem satisfeitas mediante o cumprimento da obrigação não se compadecem com a lentidão e, consequentemente, com o binômio "condenação + execução forçada".[345]

Quando o devedor de alimentos cumpre com a obrigação, a eficácia mandamental não se manifesta. Mas quando ele falha em seu dever, o elemento predominante passa a ser a *atividade*, visto que, em face dos interesses em jogo, não lhe é atribuída a faculdade de não pagar para se submeter à execução forçada. Tanto assim que se coloca à disposição da jurisdição a mais severa medida de coerção, que é justamente a privação da liberdade.

Em situações de urgência, o cumprimento da decisão não segue as regras que disciplinam a execução provisória, como resulta da locução *no*

344. *Ibidem*, p. 93.

345. Cf. Araken de Assis, *Da execução de alimentos e prisão do devedor*, São Paulo: Revista dos Tribunais, 1998, p. 115.

que couber contida no § 3º do art. 273 do Código de Processo Civil. É que a finalidade da execução provisória é a segurança do direito de crédito, enquanto que na antecipação do pagamento de soma em dinheiro está em jogo a própria dignidade da pessoa humana.[346] Por isso, com exceção do que vier a ser obtido com a multa coercitiva, a execução não cede diante de atos que impliquem alienação de domínio se as medidas coercitivas não causarem o efeito psicológico desejado.

Trata-se de situação excepcional e delicada que exige muita prudência do juiz. Nesses casos, deve comparecer o binômio *necessidade-possibilidade* que preside a disciplina dos alimentos. Sem a *necessidade*, não há cogitar de *periculum in mora* e, por outro lado, sem a *possibilidade* do suposto devedor satisfazer de pronto sua dívida aparente, a situação é de limite à atuação da jurisdição.

Como assinala Luiz Guilherme Marinoni, o juiz deverá levar em conta: "*i)* a evidência do direito afirmado pelo autor; *ii)* a relevância do direito conexo ao direito de crédito; *iii)* a necessidade econômica do autor; *iv)* o prejuízo que poderá ser ocasionado ao direito do autor caso não seja reconhecido ao final. Em uma palavra, o juiz deve entender que é justificável a expropriação".[347]

30. O problema da irreversibilidade das consequências materiais da antecipação de tutela

A POSSIBILIDADE DE IRREVERSIBILIDADE da medida concedida mediante cognição sumária limita-se ao plano dos *fatos*. Em outras palavras, ela é *material* e não *jurídica*, já que a providência concedida mediante cognição sumária é sempre *provisória*. Como esclarece Nelson Nery Júnior, "o provimento nunca é irreversível, porque provisório e revogável. O que pode ser irreversível são as consequências de fato ocorridas pela execução da medida."[348]

---

346. Cf. Luiz Guilherme Marinoni, *A antecipação da tutela na reforma do processo civil*, p. 92.
347. *Ibidem*, p. 98; v. Ovídio Baptista da Silva, *Curso de processo civil*, III, p. 103-104.
348. Cf. Nelson Nery Júnior, *Atualidades sobre o processo civil*, cit., p. 59.

Na lógica da tutela de urgência, o direito provável prevalece sobre o improvável.[349] Estima-se que é melhor prevenir um prejuízo irreparável de um direito cuja existência pareça provável a priorizar a proteção de um direito que, mediante cognição sumária, pareça improvável. Vale dizer, o legislador assume certo risco de injustiça, já que, ao longo do contraditório, pode se concluir que o autor não tinha direito à providência liminar que lhe foi concedida.[350]

Mas se algum risco de injustiça é inevitável, ele tem de ser reduzido até os limites do possível.[351] Como a urgência não permite uma investigação mais minuciosa dos fatos, o juiz deve ponderar os valores em jogo para definir qual deles deve prevalecer, dado que a irreversibilidade de lesão a uma situação legítima, seja do autor, seja do réu, implica violação a um direito fundamental.[352]

Se não existir obstáculo no plano do direito substancial – como ocorre com os alimentos, que não comportam repetição –, o requerente deve indenizar a parte contrária pelos prejuízos causados com a execução da medida que foi revertida. Por analogia com a regra contida no art. 811 do Código de Processo Civil, prevalece o princípio *solve et repete*. A responsabilidade é objetiva: havendo o dano e provado o nexo de causalidade entre a execução da medida e o dano, o requerente tem o dever de indenizar.[353]

---

349. Cf. Ferrucio Tommaseo, *I provvedimenti d'urgenza – strutura i limiti della tutela antecipatoria*, Padova: CEDAM, 1983, p. 155.

350. Tratando do problema no sistema da *injunction*, anotam Hazard e Taruffo que "la concessione di rimedi provvisori comporta pericoli di ingiustizia, poichè nel dibattimento ordinario che ha luogo sucessivamente può risultare che l'attore non aveva diritto ad alcuna tutela, o che ha diritto solo al rissarcimento del danno. Può dunque accadere che i provvedimenti provvisori appaiono ingiustificati, pur avendo causado oneri ed eventualmente spese al convenuto. Per contro, se questi provvedimenti non venissero concessi potrebbero verificarsi danni continuati ed irreparabile a carico dell'attore". (*La giustizia civile negli Stati Uniti*, cit., p. 186).

351. Cf. Carlos Alberto Álvaro de Oliveira, Efetividade e processo cautelar, *Revista Ajuris*, nº 61, p. 177.

352. Esse *risco* é inevitável e está presente em qualquer sistema processual. Daí Cândido Rangel Dinamarco referir o trinômio *certeza-probabilidade-risco*. "A sabedoria do juiz – diz ele –, reside em dispensar os rigores absolutos de uma *certeza*, aceitando a *probabilidade adequada* e dimensionando os riscos que legitimamente podem ser enfrentados". (Cf. *A reforma do código de processo civil*, cit., p. 144). No sistema da *injunction*, o juiz procura definir, em audiência preliminar, se o direito do autor afigura-se claro e se a antecipação da tutela impõe ônus excessivo sobre o réu. Esta decisão comporta um balanceamento dos interesses das duas partes e implica uma avaliação amplamente discricionária por parte do juiz. (Cf. Hazard e Taruffo, *La giustizia civile negli Stati Uniti*, cit., p. 186).

353. Cf. Nelson Nery Júnior, *Atualidades sobre o processo civil*, cit., p. 59.

31. A flexibilidade do procedimento: conceitos jurídicos indeterminados e discricionariedade

Outra técnica processual adotada para a elaboração das formas de tutela jurisdicional é a *flexibilidade do procedimento*.[354] A ideia é que o procedimento tenha plasticidade suficiente para se adaptar às exigências de proteção impostas pelo caso concreto. O dinamismo da sociedade não permite cogitar de um procedimento elaborado apenas com normas jurídicas fechadas, em que o juiz não tenha o espaço de atuação necessário para moldar a tutela jurisdicional de acordo com as necessidades que decorrem das imprevisíveis manifestações da realidade.

A adequação do procedimento à natureza da causa é fundamental para a obtenção de efetiva, adequada e tempestiva tutela jurisdicional.[355] Como observa José Roberto Bedaque, a efetividade do processo pede "um modelo procedimental flexível, passível de adaptação às circunstâncias apresentadas pela relação substancial. Não se admite mais o procedimento único, rígido, sem possibilidade de adaptação às exigências do caso concreto".[356]

A tradição jurídica de inspiração liberal sempre viu com desconfiança a ideia de se conferir flexibilidade ao procedimento mediante a concessão de um espaço mais amplo para a atuação do juiz. Isso porque a rigidez dos procedimentos, ao lado da rigorosa separação entre as atividades de conhecimento e de atuação do direito, era concebida como pressuposto para a preservação da certeza e da segurança jurídica.[357]

---

354. À semelhança do que sucede no Código do Consumidor, que serviu de modelo ao dispositivo do art. 461 do CPC, ao juiz foram concedidos maiores poderes "para conferir ao processo, mais especificamente ao seu provimento, maior plasticidade e mais perfeita adequação e aderência às peculiaridades do caso concreto". (Cf. Kazuo Watanabe, *Código brasileiro de defesa do consumidor...*, cit., p. 524); v. Piero Calamandrei, *Instituciones de derecho procesal civil*, Buenos Aires: Depalma, 1943, p. 302 e s.; Michele Taruffo, "L'attuazione esecutiva dei diritti", cit., p. 153-154; Galeno Lacerda, *Comentários ao CPC*, VIII, Rio de Janeiro: Forense, 1984, p. 32 e s.; Adroaldo Furtado Fabrício, *Comentários ao CPC*, cit., p. 7 e s.; Cândido Rangel Dinamarco, *Execução civil*, cit., p. 312; Donaldo Armelin, Tutela jurisdicional diferenciada, cit., p. 45.

355. Não se pode esquecer, contudo, da advertência de Luigi Montesano sobre a confusão que pode resultar da proliferação de procedimentos especiais, prejudicando a efetividade da tutela jurisdicional (Cf. "Luci ed ombre in leggi e proposte di 'tutele differenziate' nei processi civile", cit., p. 593-594). O legislador da Reforma de 1994 soube contornar esse inconveniente com a previsão de um único procedimento que contempla a antecipação da tutela e atribui ao juiz discricionariedade na aplicação das medidas de coerção.

356. Cf. *Direito e processo*, cit., p. 51.

357. "De acordo com Jerome Frank, o desejo de uma excessiva estabilidade jurídica não surge de necessidades práticas, mas de um *anseio de algo mítico*. É interessante que as pessoas não se espantem com as

Ao longo do século XX, percebeu-se que era impraticável a vinculação tão estrita do juiz à lei. Não é possível elaborar as leis de modo tão exato que toda a dúvida quanto à sua aplicação seja afastada. A *certeza* e a *flexibilidade* são valores que competem entre si, mas devem conviver de maneira equilibrada.[358] Se com frequência a certeza está associada à rigidez, e assim deve ser em relação às normas penais e tributárias, é certo que a inflexibilidade dificulta a adaptação da tutela jurisdicional em outros ramos do direito material.[359]

Como lembra Miguel Reale, "Numa sociedade em mudança, em contínua transformação, pretender normas jurídicas cerradas, do tipo das normas penais, é um absurdo, uma incongruência. A técnica do direito vai cada vez mais se orientando no sentido de dar preferência àquilo que nós chamamos os 'modelos abertos', preferindo soluções normativas que comportem maior plasticidade na sua adaptação à experiência corrente".[360]

Embora o exercício da jurisdição deva se efetivar mediante as formas prefixadas no procedimento, a lei pode fixar limites mais ou menos rígidos para a atuação do juiz, sem que isso signifique ofensa à legalidade. Como explica Piero Calamandrei, não se trata de abandonar o princípio da legalidade, mas apenas de temperar a excessiva rigidez, até porque um sistema de liberdade de formas é campo aberto para o arbítrio e insegurança.[361]

---

mudanças jurídicas pela via legislativa, mas se assustem com a falta de previsibilidade dos juízes. Afinal, busca-se a segurança no substituto do pai, no *Juiz Infalível*, o qual vai determinar, de modo seguro, o que é justo e o que é injusto". (Cf. Lídia de Almeida Prado, *O juiz e a emoção: aspectos da lógica da decisão judicial*, Campinas, Millennium, 2003, p. 17-18).

358. Cf. John Merryman, *op. cit.*, p. 98.

359. Cf. Cândido Rangel Dinamarco, *A instrumentalidade...*, cit., p. 98.

360. Cf. A sociedade contemporânea, seus conflitos e a eficácia do direito, *in Revista da Procuradoria Geral do Estado de São Paulo*, 1977, p. 136.

361. O processo constitui substancialmente uma técnica imposta obrigatoriamente e vigiada pelo Estado porque através dele se realiza a justiça, a função mais solene e elevada do Estado. Não há como admitir que as formas de fazer justiça sejam abandonadas à improvisão e à multiforme fantasia individual. A disciplina do processo se manifesta em disposições jurídicas uniformes para assegurar que o método por meio do qual se concretiza a justiça, a mais augusta das missões do Estado, seja expressão de uma razão de Estado que se reduz a operações obrigatórias e iguais para todos. (Cf. Piero Calamandrei *Processo y democracia*, *cit.*, p. 32-33). "Permitir que a atividade jurisdicional se desenvolva nos moldes fixados pelo magistrado, o melhor árbitro das necessidades no caso particular – porque técnico e imparcial, seria olvidar-se que numa ou noutra hipótese a incerteza e a insegurança representariam o alto preço de vantagens muito discutíveis. A legalidade das formas, por conseguinte, se impôs como solução universal, estando na lei, e somente nela, toda a ordenação para que o Estado realize os seus fins de justiça." (Cf. J. J. Calmon de Passos, *Comentários ao CPC*, Rio de Janeiro: Forense, 1979, p. 8).

Daí a utilização de *modelos abertos*, normas que atribuem ao juiz certo espaço de atuação em que é particularmente importante o papel confiado à sua *prudência*.[362] O legislador processual utiliza duas figuras de modelos abertos: os *conceitos jurídicos indeterminados* e a *discricionariedade*. Embora se assemelhem, elas têm uma diferença fundamental, que pode ser percebida com base nos dois elementos da estrutura da norma jurídica, que são: *i)* a hipótese de fato (*fattispecie*) e *ii)* o efeito jurídico que decorre da subsunção do fato à norma (*sanctio juris*).[363]

Ao passo que os *conceitos indeterminados* integram a *descrição do fato*, a *discricionariedade* se situa no *campo dos efeitos*. Em relação aos primeiros, a liberdade do aplicador se esgota na fixação da premissa de fato. Estabelecida ou não a coincidência entre o acontecimento da realidade e a hipótese da norma, a solução estará predeterminada, enquanto na discricionariedade é a própria escolha da consequência que fica entregue à decisão do juiz.[364]

Ao tratar da cognição do juiz, o art. 461 do Código de Processo Civil utilizou-se de *conceitos jurídicos indeterminados*, por meio das fórmulas "relevante fundamento da demanda" e "justificado receio de ineficácia do provimento final". São *conceitos indeterminados normativos*, já que, ao contrário dos *conceitos indeterminados descritivos*, eles "visam dados que não são simplesmente perceptíveis pelos sentidos, mas que só em conexão com o mundo das normas se tornam representáveis e compreensíveis."[365]

Esses *conceitos jurídicos indeterminados* dizem respeito às situações da vida qualificadas pelo direito material que ao juiz cumpre investigar para definir se o fato veiculado na demanda se enquadra na fórmula "relevante fundamento + justificado receio de ineficácia do provimento final", contida no § 3º do art. 461 do Código de Processo Civil, para, se for o caso, atribuir

---

362. Tratando da discricionariedade do juiz na utilização do poder geral de cautela, adverte Galeno Lacerda que nesta matéria jamais deverá o magistrado prescindir de prudência. "Cabe-lhe ponderar, com equilíbrio, as exigências contrastantes das partes com o interesse da administração da justiça, sempre ínsito nas providências cautelares. Em nenhum setor do processo civil, mais do que neste, parece encontrar-se tão diretamente em jogo o bom nome e, até, a seriedade da Justiça". (Cf. *Comentários ao CPC*, cit., p. 163).
363. Cf. Barbosa Moreira, Regras de experiência e conceitos juridicamente indeterminados", *in Temas de direito processual – segunda série*, São Paulo: Saraiva, 1980, p. 66.
364. *Ibidem*, p. 66.
365. Cf. Karl Engish, *Introdução ao pensamento jurídico*, cit., p. 212-213.

a tutela de urgência. Ao se reconhecer a probabilidade de existência daquela situação qualificada pela norma, ou, então, chegando-se a essa conclusão mediante provimento final, de cognição exauriente, seguem-se os efeitos derivados do reconhecimento dos fatos.

Abre-se, então, espaço para a *discricionariedade* na escolha das medidas adequadas à obtenção da tutela específica.[366] A *discrição* não significa arbitrariedade, mas apenas certa margem de liberdade de escolha dentro dos limites definidos pela lei. Em todo ato discricionário há sempre vinculação à lei. Ainda que o espaço de atuação seja mais amplo, o juiz sempre deverá se pautar pelos limites e objetivos fixados pela norma.[367] A convicção pessoal do juiz é o elemento decisivo para determinar qual das várias alternativas que se oferecem como possíveis será a melhor e a mais justa em face dos fins perseguidos no processo.[368]

A técnica da discricionariedade nos procedimentos judiciais opõe-se à técnica da rígida vinculação, por meio da qual a norma define o único comportamento possível ao juiz. Era o modelo contido no art. 287 do Código de Processo Civil, de acordo com o qual cumpria exclusivamente à iniciativa de parte a fixação do valor da multa. Ao juiz não era permitida a modificação do montante da penalidade, mesmo quando se mostrasse inadequada à finalidade de pressionar a vontade do obrigado ao cumprimento do dever de fazer ou não fazer.

Em face da riqueza infinda do real, o legislador se confessa impotente para prever e, por isso, confia no juiz. Considera-se que a melhor solução é aquela em que, dentro de determinados limites, alguém olhando como pessoa consciente da sua responsabilidade faça valer o seu próprio ponto de vista. De acordo com a finalidade pela qual lhe foi atribuída margem de escolha, o juiz deve escolher aquela solução que, entre as várias medidas possíveis, mostrar-se a mais adequada para atingir a tutela específica.[369]

366. Cf. Barbosa Moreira, *"Regras de experiência e conceitos juridicamente indeterminados"*, cit., p. 66.
367. Cf. Celso Antônio Bandeira de Mello, *Curso de direito administrativo*, São Paulo: Malheiros, 2005, p. 403.
368. Cf. Galeno Lacerda, *Comentários ao CPC*, cit., p. 138; Karl Engish, *op. cit.*, p. 227-228. Nesse sentido, Pietro Nuvolone destaca que "è contrario alla certezza affidare al giudice il compito di legiferare nel caso concreto: la confusione tra *ius ferre* e *ius dicere* è confusione del momento della fonte con il momento dell'applicazione". (Cf. "Discrezionalità del giudice e certezza del diritto", cit., p. 587).
369. Cf. Karl Engish, *op. cit.*, p. 221-222; Galeno Lacerda, *Comentários ao CPC*, cit., p. 139. "Piuttosto, l'attribuzione di discrezionalità pressupone l'intenzione del legislatore di privilegiare il soddisfacimento

32. A formação da decisão e o dever de motivação

O PROCESSO INTERNO DE elaboração da decisão pelo juiz é questão antiga para a filosofia do direito. A doutrina tradicional, inspirada no racionalismo do século XVIII, estabeleceu uma analogia com a figura lógica do silogismo. A premissa maior do raciocínio seria a ordem jurídica, a premissa menor seriam os fatos incontroversos ou provados e a conclusão seria a parte decisória do julgado. Todo o trabalho do juiz se reduziria a encontrar a coincidência entre os fatos e a hipótese estabelecida de maneira abstrata pela norma. Por meio de uma operação de subsunção do fato à norma, o juiz extrairia da ordem jurídica a única decisão correta, tal como em uma operação matemática.[370]

O silogismo está superado como explicação para o processo espiritual de formação da decisão. Primeiro, é errado dizer que a premissa maior do raciocínio – o sistema jurídico – é para o juiz um dado sobre o qual ele não tem nenhum poder. Há situações em que não se encontra uma norma específica ou que existem diversas normas aplicáveis a um mesmo litígio. Também é possível e até frequente que o texto da norma contenha vários sentidos. Em todos esses casos é necessário fazer escolhas, o que leva o juiz a se movimentar por um espaço mais largo do que supunha a teoria clássica.[371]

Segundo, a descoberta do inconsciente no começo do século XX mostrou que a razão não tem a autonomia que imaginavam os filósofos iluministas. Ao lado da razão e muitas vezes conspirando contra ela, o inconsciente, os condicionamentos sociais, a emoção, a intuição concorrem em diversas medidas para formar a decisão. O mecanismo interno de decisão é uma operação espiritual mais complexa do que uma simples função mecânica de verificar certas premissas e delas extrair silogisticamente uma conclusão lógica.[372]

---

delle esigenze poste dalla situazione concreta: che la relativa condotta sia descritta in modo incompleto è, poi conseguenza necessaria di tale attribuzione, dovendosi lasciare margine al gudice nell'apprezzamento di quelle stesse esigenze". (Cf. Roberto Marengo, "Note in tema di discrezionalità del giudice" *in Studi in onore di Elio Fazzalari*, v. II, Milano: Giuffrè, p. 175).

370. Cf. Piero Calamandrei, Justicia y politica: sentencia y sentimiento, *in Processo y democracia*, cit., p. 71-72.

371. Cf. Georges Burdeau, op. cit., p. 143-148.

372. Cf. Lídia de Almeida Prado, *O juiz e a emoção: aspectos da lógica da decisão judicial*, cit., p. 15.

A decisão é um ato lógico, mas um ato lógico complexo, que impõe juízo crítico e valorativo dos fatos e das normas. Na decisão judicial imperam dois elementos fundamentais: o *juízo lógico* – que é a operação mental ou o ato de inteligência – e o *ato de vontade* – que é a atividade psíquica, ou seja, a força que move a razão: as sensações, as percepções do mundo externo, as recordações das sensações, as ideias, os sentimentos.[373]

Ao exercício de faculdades racionais e intelectivas, alia-se o livre querer do intérprete. Ao mesmo tempo em que a vontade anima a inteligência, a inteligência ilumina o caminho da vontade. Sem as luzes da razão, a vontade seria uma potência cega, incapaz de conhecer tanto os fins como os meios. Ao passo que a razão prática apresenta e propõe o fim à vontade, a vontade é a força motriz da razão.[374]

A decisão é um juízo crítico e valorativo que permite gradações. Ao contrário da equação algébrica, que não pode ser mais ou menos certa – o cálculo é correto ou estará definitivamente errado –, os valores são relativos e comportam infinitas gradações. Daí ser possível cogitar de decisões "mais" ou "menos" justas, às vezes até contraditórias, mas ainda assim legítimas.[375]

Não existe solução preestabelecida na ordem jurídica. Ao juiz cabe extrair de um quadro de múltiplas possibilidades o interesse que vai prevalecer, o que está longe de dizer que a criação do direito fique entregue à livre vontade do juiz. O juiz não está livre de ataduras. Ele deve agir dentro dos marcos que são fixados pelo direito objetivo, que em última análise repousam na Constituição.[376]

Os princípios constitucionais contêm expressões vagas, fluidas e indeterminadas – *dignidade da pessoa humana*, *valor social do trabalho*, *valor social da livre iniciativa*, *sociedade livre, justa e solidária* –, o que leva o juiz a completar o trabalho do legislador mediante valorações de sentido para essas cláusulas abertas, tornando-o coparticipante do processo de criação

373. Cf. José Ernesto Manzi, *Da fundamentação das decisões judiciais civis e trabalhistas: funções, conteúdo, limites e vícios*, São Paulo: LTr, 2009, p. 31.
374. *Ibidem*, p. 32.
375. Cf. Ovídio Baptista da Silva, A função dos tribunais superiores, *in Sentença e coisa julgada*, Rio de Janeiro: Forense, 2006, p. 294.
376. Cf. Paulo Bonavides, *Curso de direito constitucional*, São Paulo: Malheiros, 2006, p. 451.

do direito, em atividade que sempre causa alguma tensão com a lógica da separação de poderes.[377]

A elasticidade da escolha não significa dizer que qualquer solução seja válida. Como ponderou Paulo Bonavides, a norma constitucional não é o receptáculo formal onde cabem todas as variações de conteúdo da vontade que vem nela expressa. Se fosse assim, todas as vantagens de estabilidade contidas na rigidez da Constituição estariam anuladas. A Constituição seria rígida na forma, mas flexível no conteúdo. Por obra da interpretação judicial, reintroduziríamos no ordenamento jurídico a incerteza e a insegurança que a rigidez teve a virtude de superar.[378]

Aceitar a evidência de que o direito não é uma ciência exata, mas uma ciência do diálogo, uma ciência do convencimento, não é o mesmo que dizer que por meio da tarefa interpretativa o juiz tenha o poder de livre criação do direito. As várias possibilidades de solução do caso concreto estão delimitadas pela moldura estabelecida pela Constituição. Dizer que a norma encerra *múltiplas* possibilidades legítimas não significa dizer que as possibilidades legítimas de solução do problema sejam *infinitas*. Existem *soluções ilegítimas* que devem ser refreadas.[379]

A decisão judicial deve conjugar inteligência e vontade. A dificuldade é que, como resumiu Schopenhauer, a *razão* é como um anão sentado no ombro de um gigante chamado *vontade*.[380] A vontade pode-se sobrepor à inteligência e levar o juiz a decidir de acordo com seu sentimento pessoal de justiça, em violação aos limites que a Constituição fixa para o exercício legítimo do poder jurisdicional.

A independência jurídica dos juízes não é um valor absoluto. Ele convive com outros valores de igual dignidade constitucional, como o devido processo legal e a segurança jurídica.[381] O dever de enunciar os funda-

377. Cf. Luiz Roberto Barroso, *op. cit.*, p. 19-20.

378. Cf. Paulo Bonavides, *Curso de direito constitucional,* cit., p. 462.

379. *Ibidem*, p. 449.

380. "Schopenhauer distancia-se da tradição ao atribuir uma inédita primazia do querer em face do intelecto. O princípio do mundo não é o entendimento, ou a *Razão*, ou uma possível substância pensante, mas o *irracional*, cego e inconsciente, identificado com a *Vontade* de vida. Esta é o em-si, o que há de mais íntimo no mundo". (Cf. Jair Barboza, *Schopenhauer*, Rio de Janeiro, Jorge Zahar, 2003, p. 7).

381. Cf. José Marcelo Menezes Vigliar, A reforma do judiciário e as súmulas de efeitos vinculantes, *in Reforma do Judiciário*, coordenação de André Ramos Tavares *et al.* São Paulo: Método, 2005, p. 287. "Para conferir racionalismo e legitimidade a toda essa independência de que goza o juiz, é preciso exigir que ele preste contas do que decide, explicitando as razões pelas quais chega às conclusões adotadas". (Cf.

mentos das escolhas que levaram o juiz à decisão é a maior garantia da sociedade de que o arbítrio dos litigantes ou dos governantes não será meramente substituído pelo arbítrio dos juízes, em um modelo elitista conduzido por juízes filósofos.[382]

No regime do cumprimento específico das obrigações de fazer e não fazer, o dever de motivação tem especial importância em função do papel desempenhado pelas opções valorativas do julgador ao concretizar conceitos jurídicos indeterminados e exercer a discricionariedade. Ao contrário do que pareceria à primeira vista, a motivação é tanto mais necessária quanto mais forte o teor da discricionariedade da decisão, já que apenas à vista dela se pode saber se o juiz usou bem ou mal a sua liberdade de escolha, e, sobretudo, se não terá ultrapassado os limites da discrição para cair no arbítrio.[383]

33. Os mecanismos de atuação do direito nas obrigações de fazer e não fazer

A PRIORIDADE DE TUTELA específica justifica a plasticidade concedida ao juiz para a escolha das medidas de atuação do direito.[384] A discricionariedade prevista no art. 461 do Código de Processo Civil permite ao juiz aplicar as medidas coercitivas de ofício, conjugá-las com medidas de apoio, reforçá-las ou atenuá-las em conformidade com a reação do litigante cuja conduta seja contrária ao direito.[385]

Em face das incalculáveis maneiras de manifestação da realidade dos direitos, especialmente em obrigações duradouras, o juiz deve agir com imaginação e senso de justiça de forma a conduzir o resultado do pro-

---

Cândido Rangel Dinamarco, *Instituições*, I, cit., p. 241).

382. Cf. José Ernesto Manzi, *op. cit.*, p. 203.

383. Cf. Barbosa Moreira, "A motivação das decisões judiciais como garantia inerente ao Estado de direito", *in Temas...*, cit., p. 87-88.

384. "O legislador deixa claro que, na obtenção da tutela específica da obrigação de fazer ou não fazer, o que importa, mais do que a conduta do devedor, é o resultado prático assegurado pelo direito. O princípio é o da maior coincidência possível entre o direito e sua realização, de sorte que em linha de princípio não poderá ser admitida a substituição da obrigação pelo seu equivalente pecuniário. (Kazuo Watanabe, *Código brasileiro de defesa do consumidor...*, cit., p. 528-529).

385. "L'injunction può essere modificata successivamente tenendo conto dell'eventuale mutamento della situazione di fatto. Tutte queste valutazioni sono affidate essenzialmente alla discrezionalità del giudice di primo grado". (Hazard & Taruffo, *La giustizia civile negli Stati Uniti*, cit., p. 186).

cesso à tutela específica, sem, evidentemente, violar as garantias do devido processo legal.

Na escolha das medidas destinadas a assegurar a eficácia da decisão, deve-se considerar a dificuldade de fiscalização da ordem de cumprimento específico das obrigações de fazer e não fazer. Muitas vezes, a natureza da prestação recomenda a atuação do direito por meios de pressão, ainda que possível o emprego de meios de sub-rogação.

É o que sucede em obrigações duradouras, em que a efetiva obediência ao comando judicial depende da colaboração do obrigado, como o dever de respeitar embargo destinado a evitar a destruição de prédio de interesse histórico. Manter a força pública indefinidamente no local pode-se revelar extremamente oneroso, quando não inviável em face da necessidade de proteção de outros interesses.

Em situações como essa, pode ser mais eficiente a fixação de uma multa estimada a partir da multiplicação da vantagem que seria obtida com a destruição do prédio do que contar com um mecanismo que prescinda da colaboração do obrigado, o que não exclui a intervenção da força pública em situações extremas, destinadas a evitar a ofensa iminente ou a continuidade da violação.

33.1. A multa

A multa é um dos mecanismos de coerção ao cumprimento específico da ordem judicial. De acordo com a regra do § 4º do art. 461 do Código de Processo Civil, ela pode ser aplicada de ofício e deve ser fixada em valor tal que incuta receio no obrigado de modo a forçá-lo a cumprir a ordem.[386]

Como a finalidade da multa é provocar o temor de um prejuízo patrimonial, a lei não estabelece qualquer limite de valor, que pode até superar a quantia indicada no pedido.[387] O juiz deve ponderar os valores envolvidos

386. Conforme a velha lição de Enrico Tullio Liebman, "Caracteriza-se a *astreinte* pelo exagero da quantia em que se faz a condenação, que não corresponde ao prejuízo real causado ao credor pelo inadimplemento, nem depende da existência de tal prejuízo. É antes uma pena imposta com caráter cominatório para o caso em que o obrigado não cumprir a obrigação no prazo fixado pelo juiz". (Cf. *Processo de execução,* cit., p. 233).

387. Processual Civil. Ação de obrigação de fazer. Multa cominatória diária. Fixação em valor superior ao Postulado na inicial. Inocorrência de julgamento Ultra Petita. 1. As *astreintes* têm como escopo vencer a obstinação do devedor ao cumprimento da obrigação e incide a partir da ciência do obrigado

no conflito e as possibilidades patrimoniais do obrigado para que a quantia da multa não seja nem excessiva a ponto de seu pagamento ser impossível e nem irrisória a ponto de compensar o descumprimento da ordem judicial.

Na fixação do valor da multa, o receio de arruinar o devedor pode significar a desmoralização do caráter coercitivo da medida. Se a resistência for invencível e não se afigurar possível a tutela específica por mecanismos de sub-rogação, a lei não estabelece qualquer limite à aplicação da multa, tanto que, nos termos do § 1º do art. 461, "a obrigação somente se converterá em perdas e danos *se o autor o requerer* ou *se impossível a obtenção do resultado prático correspondente*".

De acordo com os critérios de razoabilidade do juiz, a multa pode ser escalonada e fixada em caráter progressivo por período de atraso no cumprimento da obrigação ou por cada infração à obrigação.[388] Também é possível a fixação de um único valor para o caso de violação do preceito, sem excluir a fixação de multa diária para fazer cessar a violação em obrigação duradoura.[389]

A multa não tem por finalidade a indenização do dano e, portanto, não guarda relação com o valor da obrigação. Por isso, ela pode ser imposta mesmo que o devedor faça a prova de ausência de dano sofrido pelo credor.[390] Nesse domínio, não tem aplicação a regra contida no art. 412 do Código Civil.[391] A multa e a eventual indenização são independentes e cumuláveis,

---

e da sua recalcitrância. 2. O julgamento ultra petita não se verifica quando o juízo fixa a multa diária cominatória (*astreinte*) em valor superior ao postulado pela parte na petição inicial, máxime porquanto poderia fixá-la até mesmo *ex officio*, independente de requerimento. (STJ, Min. Luiz Fux, 1ª Turma, REsp. nº 8.056/PR, DJ 04/06/2007).

388. Cf. Calvão da Silva, *op. cit.*, p. 417-418; Barbosa Moreira, Tendências em matéria de execução de sentenças..., cit., p. 161.

389. As decisões que impõem multas exigem interpretação restritiva. Como assinala Estêvão Mallet, "É razoável que, em se tratando de decisão que impõe multa, sua interpretação seja feita de modo a não exasperar a cominação. Carlos Maximiliano alude, a propósito, a serem 'intuitivas as razões pelas quais se reclama exegese rigorosa, estrita, de disposições cominadoras de penas'. Se a pena, sob a forma de multa, é imposta por decisão judicial, não há razão para adotar conclusão diversa. Assim, imposta certa multa, caso praticado determinado ato, não se pode, se a decisão não o diz, supor seja diária a cominação. Ao contrário, há de entender-se devida apenas uma multa. Admite-se, seguramente, a modificação da cominação, na forma do artigo 461, § 6º, do CPC, inclusive para torná-la diária. Mas a nova cominação não se aplica de forma retroativa e, antes da modificação, não haverá como exigir a multa por dia de não cumprimento da obrigação". (Cf. *Ensaio sobre a interpretação das decisões judiciais*, São Paulo: LTr, 2009, p. 70).

390. Cf. Calvão da Silva, *op. cit.*, p. 410.

391. "É fora de dúvida que a multa, por sua função coercitiva e não reparatória, não tem de guardar

conforme dispõe o § 2º do art. 461 do Código de Processo Civil.[392]

Em conformidade com o § 4º do art. 461 do Código de Processo Civil, o juiz deve conceder *prazo razoável* para que o devedor possa providenciar o cumprimento do dever. Em face da finalidade da medida, que é a de alcançar a tutela específica por meio de uma atividade do próprio devedor, a ordem tem de ser comunicada por meio de *intimação pessoal* ao obrigado.[393]

O *termo inicial* para a aplicação da multa é fixado livremente pelo juiz. É desaconselhável fixar o *termo final*, uma vez que a limitação do valor pode comprometer a eficácia coercitiva da medida.[394] Quando o juiz fixa a multa, o devedor tem que saber que ela valerá e produzirá efeitos até o momento do cumprimento da obrigação.[395]

A multa se torna exigível desde o momento em que se configurou a desobediência à ordem judicial, embora não possa ser cobrada antes de esgotar o prazo para a impugnação da decisão por meio de recurso com efeito suspensivo.[396] Se a decisão for desde logo eficaz, porque não está sujeita a recurso com efeito suspensivo, a multa pode ser cobrada imediatamente, mesmo antes do trânsito em julgado.[397] Como assinala Sérgio

---

equivalência com o dano porventura causado ao credor" (Barbosa Moreira, "Tendências em matéria de execução..., cit., p. 161); Ada Pellegrini Grinover, *Código brasileiro de defesa do consumidor...*, cit., p. 525. Multa diária fixada pelo juízo. Obrigação de fazer. Inviabilidade da aplicação do art. 412 do Código Civil. A *astreinte* é obrigação imposta pelo juiz em processo judicial, normalmente como multa diária, e visa compelir o devedor a cumprir a obrigação de forma específica, o que não se confunde com a cláusula penal, que é penalidade convencionada pelas partes e que está prevista no art. 408 e seguintes do Código Civil. (TRT 12ª Região, Juiz Garibaldi Ferreira, DOE/SC 14/11/2008).

392. *Ibidem*, p. 411.

393. Sobre o *prazo razoável* para o cumprimento da ordem, v. Eduardo Talamini, *Tutela relativa aos deveres de fazer e não fazer*, São Paulo: Revista dos Tribunais, 2003, p. 253. Na jurisprudência: Processual Civil. Astreintes. Necessidade de Intimação Pessoal. A intimação da parte obrigada por sentença judicial a fazer ou a não fazer deve ser pessoal, só sendo exigíveis as *astreintes* após o descumprimento da ordem. (STJ, Min. Ari Pargendler, 3ª Turma, REsp. nº 629346/DF, DJ 19/03/2007)

394. Processual Civil. Obrigação de Fazer. Astreintes. Fixação de Termo Final. Impossibilidade. É lícito ao juiz modificar o valor e a periodicidade da astreinte (CPC, art. 461, § 6º). Não é possível, entretanto, fixar-lhe termo final, porque a incidência da penalidade só termina com o cumprimento da obrigação (STJ, Min. Humberto Gomes de Barros, 3ª Turma, REsp. 890900/SP, DJ, 13/05/2008)

395. Cf. Calvão da Silva, *Op. cit.*, p. 427.

396. Cf. Sérgio Cruz Arenhart, *op. cit.*, p. 199. Cândido Rangel Dinamarco defende que a multa seja aplicada apenas após a preclusão da decisão: "Inexiste qualquer disposição sobre o momento de exigibilidade das multas aplicadas, mas elas só podem ser cobradas a partir da preclusão da decisão da sentença ou decisão interlocutória que as concede: antes, é sempre possível a supressão das *astreintes* ou do próprio preceito pelos órgãos superiores". (Cf. *A reforma*, cit., p. 158).

397. Nesse sentido, Eduardo Talamini exclui a aplicação analógica do § 2º do art. 12 da Lei da Ação Civil Pública ("A multa cominada liminamente *só será exigível do réu após o trânsito em julgado da decisão*

Cruz Arenhardt, "se a busca é por um processo efetivo e pela preservação da autoridade do juiz – que pode dar ordens com *imperium* –, é necessário desvincular totalmente a exigência da *astreinte* do resultado final do processo".[398]

O rigor da execução imediata quando a decisão ainda está sujeita a recurso sem efeito suspensivo é compensado com a aplicação do regime da execução provisória, conforme estabelece a regra contida no § 3º do art. 273 do Código de Processo Civil, cautela que se justifica porque a multa não se destina a satisfazer um interesse do credor, mas tão somente assegurar a autoridade da ordem judicial.

Embora a multa se destine apenas assegurar a efetividade da decisão, a regra do § 2º do art. 461 do Código de Processo Civil, ao dispor que a indenização por perdas e danos dar-se-á sem prejuízo da multa, dá a entender que o autor seja o beneficiário da quantia arrecadada com a cominação, o que gera alguma polêmica na doutrina.[399]

À preservação da regularidade procedimental, é conveniente que o pagamento da multa se processe em autos distintos aos do processo em que ela foi imposta. Desde que, é claro, ainda se esteja perseguindo a tutela específica, porque quando a tutela for reparatória, o procedimento para o pagamento da multa será o mesmo da indenização.

No caso do devedor desprovido de posses, é necessário escolher outro mecanismo de coerção, já que a aplicação de multa não servirá para

---

favorável ao autor, mas será devida desde o dia em que se houver configurado o descumprimento"). "Primeiro, porque se trata de regra especial e expressa em tal sentido – o que não autoriza sua extensão à disciplina geral da tutela dos deveres de fazer e não fazer (...). Por fim – e mais grave –, a inexequibilidade imediata da multa que acompanha a tutela antecipada retira boa parte da eficiência concreta do meio coercitivo e, consequentemente, das próprias chances de sucesso da antecipação. A ameaça de pronta afetação do patrimônio do réu através da execução do crédito da multa é o mais forte fator de influência psicológica. A perspectiva remota e distante da execução depois do trânsito em julgado nada ou pouco impressiona". (Cf. *Tutela relativa aos deveres de fazer e não fazer*, cit., p. 259).

398. *Op. cit.*, p. 203.

399. Cf. Luiz Guilherme Marinoni, *Tutela inibitória*, cit., p. 178-180. O autor refere que no direito português adotou-se um sistema híbrido, com o que metade da multa reverte para o autor e a outra parte para o Estado. No direito alemão, a totalidade do valor da multa é destinada ao Estado. Barbosa Moreira afirma não ser razoável que o produto da multa seja entregue ao credor, visto que ela não tem caráter ressarcitório, visando apenas assegurar a eficácia prática da decisão. (Cf. "O processo civil brasileiro: uma apresentação", *in Temas de direito processual – quinta série*, São Paulo, Saraiva, 1994, p. 14) Contra, entendendo que o melhor critério é o que reverte a multa em benefício do credor, v. Eduardo Talamini, *Tutela relativa aos deveres de fazer e não fazer*, São Paulo, cit., p. 263-267.

pressionar a vontade. Como observa Araken de Assis, "somente se deixará convencer o devedor cujo patrimônio, no futuro, se exporá à execução pelo valor da multa. Não existindo patrimônio, nada assegura o êxito da execução específica.[400]

Nessa ordem de ideias, também a superveniente impossibilidade patrimonial para o cumprimento da obrigação é fator determinante para que cesse a aplicação da multa, que é instrumental para um resultado que, de antemão, sabe-se irrealizável".[401]

A possibilidade de o juiz da execução modificar o valor da multa fixada na sentença ou no título extrajudicial não constitui ofensa ao ato jurídico perfeito ou à coisa julgada, já que, na condição de medida coercitiva destinada à obtenção do cumprimento específico da obrigação, ela não se destina a atender diretamente a um interesse da parte, servindo apenas como meio instrumental ao cumprimento da ordem do juiz.[402]

A jurisprudência do Superior Tribunal de Justiça se consolidou no sentido de admitir a imposição da multa para forçar o poder público ao cumprimento de obrigação de fazer e não fazer.[403] O receio de má-fé ou

---

400. Cf. Araken de Assis, *Reforma do processo executivo,* cit., p. 53.

401. Cf. Calvão da Silva, *op.* cit., p. 441.

402. Cândido Rangel Dinamarco considera "discutível" a legitimidade constitucional da redução do valor da multa fixada em sentença. Admite, contudo que "pode-se razoavelmente considerar afastado esse óbice quando a redução da multa tiver por causa alguma eventual alteração na situação de fato considerada pelo juiz ao arbitrar a multa no processo de conhecimento. A coisa julgada só imuniza as decisões judiciárias nos limites dos fatos para os quais foram proferidas, sendo por isso considerado que ela se impõe *rebus sic stantibus*". (Cf. *A reforma do código de processo civil,* cit, p. 243). Na jurisprudência, em sentido contrário: Processual Civil. Obrigação de Fazer. Astreintes. Alteração do Valor. Execução. Coisa julgada. Art. 461, § 6º, CPC. Possibilidade. O valor das astreintes pode ser alterado a qualquer tempo, quando se modificar a situação em que foi cominada a multa (STJ, Min. Humberto Gomes de Barros, 3ª Turma, DJ, 06/03/2006, REsp. n. 705914/RN). Processual Civil. Astreintes. Redução ou Ampliação. Possibilidade. 1. A multa decorrente de desatendimento à proibição judicial de inscrição do nome do devedor em órgão de proteção ao crédito, enquanto pendente discussão acerca do real valor da dívida, quando exorbitante ou insuficiente, pode, conforme o caso, ser reduzida ou aumentada. 2 – Nestes casos, não há trânsito em julgado da sentença, a teor do disposto no art. 461, § 6º, do Código de Processo Civil, e para evitar, como na espécie, o enriquecimento sem causa. 3 – Precedente do Superior Tribunal de Justiça. 4 – Recurso especial não conhecido. (STJ, Min. Fernando Gonçalves, 4ª Turma, REsp. n. 785053/BA, DJ 29/10/2007).

403. Processual Civil. Obrigação de Fazer. Descumprimento. Fixação de Astreintes Contra a Fazenda Pública. Art. 461, § 5º, do CPC. A jurisprudência deste Superior Tribunal de Justiça se consolidou no sentido de que é cabível a cominação de multa diária em desfavor da Fazenda Pública na hipótese de descumprimento de obrigação de fazer (Min. Castro Meira, 2ª Turma, DJ 25/09/2008, REsp. 776065/SP); Processual Civil. Meios de Coerção ao Devedor (CPC, arts. 273, § 3º E 461, § 5º). Fornecimento de Medicamentos pelo Estado. Bloqueio de Verbas Públicas. Conflito entre a urgência na aquisição do Medicamento e o sistema de pagamento das condenações judiciais pela Fazenda. Prevalência da

negligência do agente público acarretar pesados encargos aos cofres públicos não é argumento suficiente para eximir as pessoas jurídicas de direito público de sofrerem a aplicação da multa, já que os desvios podem ser evitados pelos meios de controle da Administração Pública.[404]

33.2. As medidas de apoio

Além das multas destinadas a pressionar a vontade do devedor para conduzi-lo ao cumprimento do dever, o juiz pode utilizar outras medidas que, sem a colaboração do obrigado, alcancem o "resultado prático equivalente" ao cumprimento da obrigação. As denominadas *medidas de apoio* podem ser adotadas isoladamente ou em combinação com a multa, destinada, nesse caso, a reforçar a eficiência do provimento de maneira a atingir o resultado específico.[405]

Como assinala Kazuo Watanabe, o legislador deixa claro que, na obtenção da tutela específica da obrigação de fazer ou não fazer, mais do que a conduta do devedor o que importa é o resultado prático assegurado pelo direito. Para atingi-lo, o juiz deverá determinar todas as providências e medidas legais e adequadas ao seu alcance, até mesmo, se necessário, a modificação do mundo fático, por ato próprio e de seus auxiliares, para conformá-lo ao comando emergente da sentença.[406]

O § 5º do art. 461 não fixa um rol exaustivo de medidas de apoio, referindo-se de maneira exemplificativa a "busca e apreensão", "remoção

---

Essencialidade do direito à saúde sobre os interesses financeiros do Estado. 1. É cabível, inclusive contra a Fazenda Pública, a aplicação de multa diária (astreintes) como meio coercitivo para impor o cumprimento de medida antecipatória ou de sentença definitiva de obrigação de fazer ou entregar coisa, nos termos dos arts. 461 e 461-A do CPC. 2. Em se tratando da Fazenda Pública, qualquer obrigação de pagar quantia, ainda que decorrente da conversão de obrigação de fazer ou de entregar coisa, está sujeita a rito próprio (CPC, art. 730 do CPC e CF, art. 100 da CF), que não prevê, salvo excepcionalmente (*v.g.*, desrespeito à ordem de pagamento dos precatórios judiciários), a possibilidade de execução direta por expropriação mediante sequestro de dinheiro ou de qualquer outro bem público, que são impenhoráveis. 3. Todavia, em situações de inconciliável conflito entre o direito fundamental à saúde e o regime de impenhorabilidade dos bens públicos, prevalece o primeiro sobre o segundo. Sendo urgente e impostergável a aquisição do medicamento, sob pena de grave comprometimento da saúde da demandante, não se pode ter por ilegítima, ante a omissão do agente estatal responsável, a determinação judicial do bloqueio de verbas públicas como meio de efetivação do direito prevalente. 4. Recurso especial a que se nega provimento. (STJ, Min. Teori Zavascki, 1ª Turma, DJ. 02/05/2006, REsp. 806765/RS)

404. Cf. Eduardo Talamini, *Tutela relativa aos deveres de fazer e não fazer*, cit., p. 246.

405. Cf. Cândido Rangel Dinamarco, *A reforma do código de processo civil*, cit., p. 158.

406. Cf. Kazuo Watanabe, *Código brasileiro de defesa do consumidor...*, cit., p. 528.

de pessoas e coisas", "desfazimento de obras", "impedimento de atividade nociva". Portanto, desde que obedecidos os limites naturais e políticos à tutela específica – como a inviolabilidade do domicílio, o direito de locomoção, o direito à imagem, o direito à intimidade, o direito à integridade física –, o juiz pode se valer de outras providências destinadas a propiciar o resultado prático equivalente.[407]

Dentre as medidas legítimas está a intervenção judicial na empresa, prevista nos arts. 69 e seguintes da Lei nº 8.884/1994. É providência de extrema severidade que deve ser adotada em situações extremas, apenas quando o juízo disponha de meios efetivos para a gestão do negócio e os valores humanos envolvidos na disputa justifiquem tamanha restrição ao direito do obrigado.[408]

Nos Estados Unidos, quando a atuação prática do direito comporta uma série de atividades complexas e diversificadas ou, então, implica, o controle de atividades destinadas a se projetar no tempo, o cumprimento da ordem é confiado à fiscalização de um terceiro que atua na qualidade de *officer of the Court*, que assume o encargo de executar diretamente ou de controlar o cumprimento da atividade determinada na sentença.[409]

---

407. Cf. Greco Filho, *Direito processual civil brasileiro*, II, cit., p. 241.
408. Cândido Rangel Dinamarco destaca que as medidas de apoio devem ser "prudentemente desencadeadas pelo juiz em casos tão extremos quanto a gravidade de cada uma. Estas não são medidas de antecipação da tutela, mas de resguardo à eficácia das decisões judiciárias. Aplicam-se tanto para a efetivação da tutela concedida em caráter definitivo... como em antecipação". (Cf. *A reforma do código de processo civil*, cit., p. 159).
409. Cf. Michele Taruffo, *"L'attuazioni esecutiva dei diritti...*, cit., p. 148.

CONCLUSÃO

34. Ainda sobre a unidade do direito processual: o enriquecimento do processo do trabalho com a modernização do processo civil

O SURGIMENTO DO PROCESSO do trabalho na primeira metade do século XX justificou-se pela necessidade de adaptação da legislação processual a um ramo do direito material que rompia com o individualismo e avançava em direção à socialização. Enquanto o processo civil se destinava à solução de conflitos em que os litigantes supostamente se encontravam em pé de igualdade, o processo do trabalho tinha por objeto uma relação marcada pela desigualdade de forças e voltada à proteção do trabalhador.

Aspectos como o impulso oficial, o poder de instrução do juiz, a irrecorribilidade das decisões interlocutórias, o poder de o juiz iniciar a execução miravam o equilíbrio entre litigantes de forças desiguais e rompiam com a concepção individualista do processo civil clássico, em que o juiz agia como mero espectador de um duelo entre sujeitos considerados iguais, sem maiores poderes de impulso e instrução justamente para que sua intervenção não viesse a desequilibrar a disputa judiciária.[410]

410. Cf. Wagner Drdla Giglio, *Direito processual do trabalho*, São Paulo: LTr, 1986, p. 75-77.

Nesse sentido, o processo do trabalho significou uma revolução no direito processual, o que levou inúmeros processualistas da primeira metade do século XX a entendê-lo como algo substancialmente diferente do processo civil. Ao lado de Francesco Carnelutti, a quem se atribui o reconhecimento da autonomia do processo do trabalho,[411] Nicola Jaeger vislumbrou no processo do trabalho uma categoria intermediária entre o processo civil e o processo penal.[412] Com posição mais radical, Eduardo Couture afirmava que o processo do trabalho era um processo estranho a todos os princípios do processo civil,[413] enquanto o mexicano Alberto Trueba Urbina dizia que ela estava fora da teoria geral do processo, que seria a *teoria geral do processo burguês*, sujeitando-se à teoria geral do processo social.[414]

Embora o processo do trabalho tenha sido pioneiro em criar regras que levassem os litigantes à paridade de armas, visando assegurar efetiva tutela jurisdicional, o movimento de superação do individualismo de cunho liberal que se verificou na segunda metade do século XX refletiu-se no processo civil, que corrigiu a rota e avançou no plano doutrinário e legislativo guiado pelo ideal de efetividade simbolizado pelo postulado da *maior coincidência possível*.[415]

Se no começo do século XX e ainda nos anos 1970 o processo do trabalho impulsionou a evolução do direito processual em direção à efetividade da proteção judicial, agora ele se enriquece com a unidade do direito processual e, em função da porosidade que deriva da regra de aplicação subsidiária contida no art. 769 da Consolidação, beneficia-se

---

411. Cf. Funzione del processo del lavoro, *in Rivista di diritto processuale civile*, Padova, v. VII, 1930, p. 109; Carlos Coqueijo Costa, *Direito processual do trabalho*, Rio de Janeiro: Forense, 1986, p. 12.

412. Cf. *Corso di diritto processuale del lavoro*, Padova: IDEA, 1932, p. 11.

413. Cf. Algunas nociones fundamentales del derecho procesal del trabajo, cit., p. 128.

414. Cf. *Nuevo derecho procesal del trabajo*, México: Porrúa, 1973, I, p. 50-51.

415. "A transformação das relações sociais, a sua fulgurante dinamização, a espantosa globalização da troca de informações, a incorporação de valores imanentes a distintos corpos comunitários, pouco a pouco atingiu – e ainda está a atingir – o processo civil, o qual foi assim se apercebendo da premente necessidade de aprimorar os seus institutos, de torná-los mais efetivos, de se fazer mais eficaz. Ao denominado processo comum, portanto, jungiram-se os ideais do processo do trabalho, de tal sorte que, no século vertente, quando menos de uma perspectiva deontológica, ambos podem já ser considerados uma só coisa" (Cf. Manoel Carlos Toledo Filho, *Fundamentos e perspectivas do processo trabalhista brasileiro*, São Paulo: LTr, 2006, p. 47).

da modernização do processo civil de forma a reforçar o seu histórico compromisso com a efetividade da tutela jurisdicional.[416]

416. Sobre os limites e possibilidades da aplicação subsidiária das inovações do processo civil ao processo do trabalho, v. Salvador Franco de Lima Laurino, *Aplicação subsidiária do processo comum ao processo do trabalho*, cit.

BIBLIOGRAFIA

ALMEIDA, Carlos Ferreira de Araújo. *Introdução ao direito comparado,* Coimbra: Almedina, 1994.

ALMEIDA PRADO, Lídia Reis. *O juiz e a emoção:* aspectos da decisão judicial, Campinas: Millenium, 2003.

ALVIM, José Manuel de Arruda. *Tratado de direito processual civil,* v. I, São Paulo: Revista dos Tribunais, 1990.

________. *Manual de direito processual civil,* São Paulo: Revista dos Tribunais, 1986.

________. Tutela antecipatória, *in Revista dos Cursos de Pós-Graduação em Direito da PUC/SP,* nº 2, 1995.

ALVIM, Teresa Arruda. *Medida cautelar, mandado de segurança e ato judicial,* São Paulo: Revista dos Tribunais, 1994.

AMARAL, Francisco. Individualismo e universalismo no direito civil brasileiro. Permanência ou superação de paradigmas romanos, *in Revista de Direito Civil,* nº 71, 1995.

ANGARITA SILVA, Antonio Inácio. "Liberdade e autoridade", *in Revista Justitia,* n. 68.

ARENDT, Hanna. *Entre o passado e o futuro,* São Paulo: Perspectiva, 1972.

ARENHART, Sérgio Cruz. *A tutela inibitória da vida privada,* São Paulo: Revista dos Tribunais, 2000.

________. *Perfis da tutela inibitória coletiva,* São Paulo: Revista dos Tribunais, 2003.

ARIETA, Giovanni. *I provvedimenti di urgenza,* Padova: CEDAM, 1982.

ARMELIN, Donaldo. Tutela jurisdicional diferenciada, *in Revista de Processo,* nº 65.

________. A tutela jurisdicional cautelar, *in Revista da Procuradoria Geral do Estado de São Paulo,* n. 23.

ARRUDA, José Jobson de A. *História moderna e contemporânea,* São Paulo: Ática, 1989.

ASSIS, Araken. *Manual do processo de execução*, São Paulo: Revista dos Tribunais, 1995.

_______. *Da execução de alimentos e prisão do devedor*, São Paulo: Revista dos Tribunais, 1998.

_______. Reforma do processo executivo, *in Revista da Associação dos Advogados de São Paulo*, nº 53.

AZEVEDO, Álvaro Villaça. *Teoria geral das obrigações*, São Paulo: Revista dos Tribunais, 1987.

BARBOSA, Ruy. Oração aos moços, *in Escritos e discursos seletos*, Rio de Janeiro: Nova Aguilar, 1997.

BARBOZA, Jair. *Schopenhauer*, Rio de Janeiro: Jorge Zahar, 2003.

BARCHET, Bruno Aguilera. *Introducción a la historia del derecho*, Madrid Civitas, 1994.

BARRIOS DE ANGELIS, Dante. *Introducción al estudio del proceso*: la psicología y la sociologia del proceso, Buenos Aires: Depalma, 1983.

BARROSO, Luis Roberto. Neoconstitucionalismo e constitucionalização do direito: O triunfo tardio do direito constitucional no Brasil, *in Revista da Escola da Magistratura do Tribunal Regional do Trabalho da Segunda Região*, nº 2, setembro 2007, p. 35.

BATALHA, Wilson de Souza Campos. *Tratado de direito judiciário do trabalho*, São Paulo: LTr, 1985.

BEDAQUE, José Roberto dos Santos. *Poderes instrutórios do juiz*, São Paulo: Revista dos Tribunais, 1991.

_______. *Direito e processo*, São Paulo: Malheiros, 1995.

_______. *Efetividade do processo e técnica processual*, São Paulo: Malheiros, 2006.

BETTI, Emilio. Dovere giuridico – teoria generale, *in Enciclopedia del diritto*, Milano: Giuffrè, 1965.

BEVILÁCQUA, Clóvis. *Teoria geral do direito civil*, Rio de janeiro: Rio, 1980.

BIDART, Adolfo Gelsi. Tutela procesal diferenciada, *in Revista de Processo*, nº 44.

_______. Incidencia constitucional sobre el processo, *in Revista de Processo*, nº 30, 1986.

BIRD, Roger. *Osborn's concise law dictionary*, London: Sweet & Maxwell limited, 1983.

BOBBIO, Norberto. *A era dos direitos*, Rio de Janeiro: Campus, 1992.

_______. *O positivismo jurídico*: Lições de filosofia do direito, São Paulo: Ícone, 1995.

_______. *Teoria do ordenamento jurídico*, Brasília: UnB, 1989.

_______. *Dalla strutura alla funzione*, Milano: Comunità, 1977.

_______. Desobediência civil, *in Dicionário de política*, Brasília: UnB, 1991.

_______. Democracia, *in Dicionário de política*, Brasília: UnB, 1991.

_______. *Liberalismo e democrazia*, Milano: Franco Angeli, 1986.

BONAVIDES, Paulo. *Curso de direito constitucional*, São Paulo: Malheiros, 2006.

BORRÉ, Giuseppe. *Esecuzione forzata degli obblighi di fare e di non fare*, Napoli: Eugenio Jovene, 1966.

BUENO VIDIGAL, Luiz Eulálio de. *Da execução direta das obrigações de prestar declaração de vontade*, São Paulo: Saraiva, 1940.

BURDEAU, Georges. *Direito constitucional*, São Paulo: Manole, 2005.

CAENEGEM, R. C. Van. *Uma introdução histórica ao direito privado*, trad. Carlos Eduardo Machado, São Paulo: Martins Fontes, 1995.

CALAMANDREI, Piero. Istituzioni di diritto processuale civile, *in Opere giuridiche*, v. IV, Napoli: Morano, 1970.

________. La condanna, *in Opere giuridiche*, v. V, Napoli: Morano, 1980.

________. *Proceso y democracia*, trad. Hector Fix-Zamudio, Buenos Aires: EJEA, 1960.

________. Verità e verossiglianza nel processo civile, *in Rivista di diritto processuale*, 1955.

________. *Introduzione allo studio sistematico dei provvedimenti cautelari*, Padova: CEDAM, 1936.

________. *Chiovenda, Recuerdo de juristas*, trad. Santiago Sentís Melendo, Buenos Aires: EJEA, 1959.

CALMON DE PASSOS, J. J. *Comentários ao CPC*, v. III, Rio de Janeiro: Forense, 1979.

________. *Inovações no código de processo civil*, Rio de Janeiro: Forense, 1995.

CANNATA, Carlo Augusto. *Historia de la ciencia jurídica europea*, Madrid: Tecnos, 1996.

CANOTILHO, J. J. GOMES. *Direito constitucional*, Coimbra: Almedina, 1993.

CAPPELLETTI, Mauro. *Processo, ideologias, sociedad*, trad. Santiago Sentís Melendo, Buenos Aires: EJEA, 1974.

________. *Acesso à justiça*, em colaboração, Porto Alegre: Sérgio Fabris, 1988.

________. Acesso alla giustizia come programa di reforma e come metodo di pensiero, *in Rivista di Diritto Processuale*, 1982.

________. Il giudice di pace nella prospettiva del movimento per l'acesso alla giustizia, *in Studi in onore di Elio Fazzalari*, v. II, Milano: Giuffrè, 1993.

________. Problemas de reforma do processo civil nas sociedades contemporâneas, *in O processo civil contemporâneo*, org. Luiz Guilherme Marinoni, Curitiba: Juruá, 1994.

________. *El proceso civil en el derecho comparado*, trad. Santiago Sentís Melendo, Buenos Aires: EJEA, 1973.

________. Formações sociais e interesses coletivos diante da justiça civil, *in Revista de Processo*, nº 5.

________. "Publicización, oralidad, socialización", *in El proceso civil en el derecho comparado – las grandes tendências evolutivas*, Buenos Aires: Europa-America, 1973, p. 50.

CARMONA, Carlos Alberto. Considerações sobre a evolução conceitual do processo, *in Revista de Processo*, nº 57.

CARNELUTTI, Francesco. *Sistema di diritto processuale civile*, Padova: CEDAM, 1936.

_______. *Diritto e processo*, Napoli: Morano, 1958.

_______. *Arte del derecho*, Buenos Aires: EJEA, 1956.

_______. *Teoria geral do Direito*, São Paulo: Saraiva, 1942.

_______. Funzione del processo del lavoro *in Rivista di diritto processuale civile*, Padova, v. VII, 1930, p. 109.

CARPI, Federico. Note in tema di tecniche di attuazione dei diritti, *in Rivista trimestrale di diritto e procedura civile,* 1988.

_______. Flashes sulla tutela giurisdizionale diferenziata, *in Rivista trimestrale di diritto e procedura civile,* 1980.

CARRIÓ, Genaro. *Notas sobre el derecho y lenguage*, Abeledo-Perrot, 1990.

CASTELO, Jorge Pinheiro. *O processo do trabalho na moderna teoria geral do processo,* São Paulo: Ltr, 1993.

_______. *Tutela antecipada na teoria geral do processo*, São Paulo: LTr, 1999.

_______. *Tutela antecipada no processo do trabalho*, São Paulo: LTr, 1999.

CASTILLO, Niceto Alcalá-Zamora. *Estudios de teoria general y historia del proceso (1945-1972),* I, México, UNAM, 1992.

_______. *Politica y proceso*, Madrid: Civitas, 1978.

CASTRO, Carlos Roberto Siqueira. *O devido processo legal na constituição de 1988,* Rio de Janeiro: Forense, 1989.

CHAVES, Antonio. *Tratado de direito civil*, v. 2, São Paulo: Revista dos Tribunais, 1984.

CHIOVENDA, Giuseppe. *Instituições de direito processual civil*, São Paulo, Saraiva, 1965.

_______. *Principii di diritto processuale civile*, Napoli: Jovene, 1980

CHORÃO, Mario Bigotte. *Introdução ao direito – O conceito de direito*, Coimbra: Almedina, 1988.

CINTRA, Antonio Carlos de Araújo. *Teoria geral do processo,* em colaboração com Ada Pellegrini Grinover e Antonio Carlos de Araújo Cintra. São Paulo: Revista dos Tribunais, 1992.

_______. *Motivo e motivação do ato administrativo*, São Paulo: Revista dos Tribunais, 1979.

COHEN, Felix. *El metodo funcional en el derecho*, trad. Genaro Carrió, Buenos Aires: Abeledo-Perrot, 1961.

COMPARATO, Fábio Konder. As garantias institucionais dos direitos humanos, texto extraído do sítio eletrônico da *Escola de Governo*, <www.escoladegoverno.org.br>. Acesso em 25 de março de 2007.

CORRÊA, Alexandre. *Manual de direito romano*, em colab., São Paulo: Revista dos Tribunais, 1988.

COSTA, Carlos Coqueijo. *Direito processual do trabalho*, Rio de Janeiro: Forense, 1986.

COUTURE, Eduardo J. *Fundamentos del derecho procesal civil*, Buenos Aires: Depalma, 1993.

_______. *Introdução ao estudo do processo civil*, trad. Mozart Russomano, Rio de Janeiro: Forense, 1995.

_______. *Estudios del derecho procesal civil*, t. I., Buenos Aires: Depalma, 1978.

_______. Algunas nociones fundamentales del derecho procesal del trabajo, *in Tribunales del trabajo*, Santa Fé, 1941.

CUNHA, Sérgio Sérvulo. *Fundamentos de direito constitucional*, São Paulo: Saraiva, 2004.

_______. *Princípios constitucionais*, São Paulo: Saraiva, 2006.

DALLARI, Dalmo de Abreu. *Elementos de teoria geral do Estado*, São Paulo: Saraiva, 1994.

DAVID, René. *Os grandes sistemas do direito contemporâneo*, São Paulo: Martins Fontes, 1993.

DENTI, Vitorio. *La giustizia civile*, Bolonha: Il Mulino, 1989.

_______. Giustizia e partecipazione nella tutela dei nuovi diritti, *in Participação e processo*, São Paulo: Revista dos Tribunais, 1988.

_______. *Processo civile e giustizia sociale*, Milano: Giufrrè, 1971.

_______. Diritto comparato e scienza processuale, *in Rivista di diritto processuale*, 1989.

_______. Calamandrei e gli studi sul processo civile", *in Rivista di diritto processuale*.

_______. *L'esecuzione forzata in forma specifica*, Milano: Giuffrè, 1953.

_______. Il ruolo del giudice nel processo civile tra vecchio e nuovo garantismo, in Rivista trimestrale di diritto e procedura civile, 1984.

DI IORIO, Alfredo. *Lineamientos de la teoria general del derecho procesal*, Buenos Aires: Depalma, 1995.

DI MAJO, Adolfo. *Tutela civile dei diritti*, Milano: Giuffrè, 1987.

DIMOULIS, Dimitri. *Positivismo jurídico: Introdução a uma teoria do direito e defesa do pragmatismo jurídico-político*, São Paulo: Método, 2006.

_______. O positivismo jurídico diante da principiologia, em colaboração com Soraya Gaspareto Lunardi, *in Teoria do direito neoconstitucional – Superação ou reconstrução do positivismo jurídico?*, coord. de Dimitri Dimoulis e Écio Oto Duarte, São Paulo: Método, 2008.

DINAMARCO, Cândido Rangel. *Teoria geral do processo*, em colaboração com Ada Pellegrini Grinover e Antonio Carlos de Araújo Cintra. São Paulo: Revista dos Tribunais, 2005.

_______. *Fundamentos do processo civil moderno,* São Paulo: Revista dos Tribunais, 1986.

_______. Escopos políticos do processo, *in Participação e processo,* Revista dos Tribunais, 1988.

_______. *A instrumentalidade do processo,* São Paulo: Malheiros, 1993.

_______. *Execução civil,* São Paulo: Malheiros, 1993.

_______. *A reforma do código de processo civil,* São Paulo: Malheiros, 1995.

_______. Tutela jurisdicional, *in Fundamentos do processo civil moderno,* São Paulo: Malheiros, 2000.

_______. *Instituições de direito processual civil,* São Paulo: Malheiros, 2001.

DINIZ, Maria Helena. *Código Civil anotado,* São Paulo: Saraiva, 1995.

_______. *A ciência jurídica,* São Paulo: Saraiva, 1995.

DOTTI, René Ariel. *Proteção da vida privada e liberdade de informação,* São Paulo: Revista dos Tribunais, 1980.

ENGISH, Karl. *Introdução ao pensamento jurídico,* trad. João B. Machado, Lisboa: Calouste Gulbenkian, 1983.

FABRÍCIO, Adroaldo Furtado. *Comentários ao CPC,* v. VIII, t. III, Rio de Janeiro: Forense, 1988.

FARIA, José Eduardo. O modelo liberal de direito e Estado, *in Direito e justiça – a função social do judiciário,* São Paulo: Ática, 1989.

_______. *Sociologia jurídica,* Rio de Janeiro: Forense, 1980.

FAVELA, José Ovalle. *Teoría general del proceso,* México: Harla, 1991.

_______. Tendencia actuales en el derecho procesal civil, *in Tendencias actuales del derecho,* org. José Luiz Soberanes, México: Fondo del Cultura, s.d.e.

FAZZALARI, Elio. *Istituzioni di diritto processuale,* Padova: CEDAM, 1994.

_______. *Il processo ordinario di cognizione,* Torino: UTET, 1983.

FERRAZ JUNIOR, Tércio Sampaio. *A ciência do direito,* São Paulo: Atlas, 1980.

_______. *Introdução ao estudo do direito,* São Paulo: Atlas, 1988.

_______. O Judiciário frente à divisão dos poderes: um princípio em decadência?, *in Revista da USP,* nº 21, 1994.

FILHO, Manoel Gonçalves Ferreira. *Direitos humanos fundamentais,* São Paulo: Saraiva, 1995.

FRANCISCO, José Carlos. Estado democrático de direito, *in* Dicionário Brasileiro de Direito Constitucional, coordenação de André Ramos Tavares *et al.* São Paulo: Saraiva, 2007.

FRIGNANI, Aldo. Inibitoria (azione), *in Enciclopedia di diritto,* v. XXI, Milano: Giuffrè, 1965.

GARCIA, Maria. *Desobediência civil,* São Paulo: Revista dos Tribunais, 1993.

GIGLIO, Wagner Drdla. *Direito processual do trabalho,* São Paulo: LTr, 1986.

GILISSEN, John. *Introdução histórica ao direito,* Lisboa: Fundação Calouste Gulbenkian, 1979.

GIUGNI, Gino. *Direito sindical,* São Paulo: LTr, 1991.

GOMES, Orlando. *Obrigações,* Rio de Janeiro: Forense, 1995.

_______. *Transformações gerais do direito das obrigações,* São Paulo: Revista dos Tribunais, 1980.

GRAU, Eros Roberto. *A ordem econômica na Constituição de 1988 (interpretação e crítica),* São Paulo: Revista dos Tribunais, 1990.

_______. *Direito, conceito e normas jurídicas,* São Paulo: Revista dos Tribunais, 1988.

_______. *Licitação e contrato administrativo,* São Paulo: Malheiros, 1995.

_______. *Ensaio e discurso sobre a interpretação/aplicação do direito,* São Paulo: Malheiros, 2003.

GRECO FILHO, Vicente. *Direito processual civil brasileiro,* São Paulo: Saraiva, 1995.

_______. *A tutela constitucional das liberdades,* São Paulo: Saraiva, 1989.

_______. *Execução contra a Fazenda Pública,* São Paulo: Saraiva, 1986.

_______. Prisão por desobediência pode ser abuso, *in Caderno de Justiça* de *O Estado de São Paulo,* 08/02/1992.

GRINOVER, Ada Pellegrini. *Teoria geral do processo,* em colaboração com Cândido Rangel Dinamarco e Antonio Carlos de Araújo Cintra. São Paulo: Revista dos Tribunais, 1992.

_______. *Princípios constitucionais e o Código de Processo Civil,* São Paulo: Bushatsky, 1975.

_______. *O processo em sua unidade – II,* São Paulo: Forense, 1984.

_______. *As garantias constitucionais do direito de ação,* São Paulo: Revista dos Tribunais, 1973.

_______. *Novas tendências do direito processual,* Rio de Janeiro: Forense, 1990.

_______. Tutela jurisdicional nas obrigações de fazer e não fazer, *in Revista Trabalho & Processo,* nº 5.

_______. Deformalização do processo e deformalização das controvérsias, *in Revista de processo,* nº 46.

_______. *O processo constitucional em marcha,* São Paulo: Max Limonad, 1985.

_______. As garantias constitucionais do processo nas ações coletivas, *in Revista de Processo,* nº 43.

GUCHET, Yves. *Direito constitucional francês,* apostila de disciplina ministrada no Curso de Pós-Graduação, em agosto de 1992, na Faculdade de Direito da USP.

GUILLÉN, Victor Fairén. Juicio ordinario, plenarios rapidos sumário, sumarissimo, *in Temas del ordinamiento procesal,* t. II., Buenos Aires, Tecnos, 1969.

GUIMARÃES, Luiz Machado. *Estudos de direito processual civil,* Rio de Janeiro: Jurídica e Universitária, 1969.

HABSCHEID, Walter. As bases do direito processual civil, *in Revista de Processo*, nº 11/12.

HESPANHA, Antonio. Lei e justiça: história e prospectiva de um paradigma, *in Justiça e litigiosidade: história e prospectiva*, Lisboa: Calouste Gulbenkian, 1993.

_______. *Panorama histórico da cultura jurídica europeia*, Lisboa: Europa-America, 1997.

JAEGER, Nicola. *Corso de diritto processuale del lavoro*, Padova: IDEA, 1932.

JAMES, John. *Stroud's judicial dictionary*, London: Sweet & Maxwell, 1973.

JOHNSTON, Derek. *História concisa da filosofia*: de Sócrates a Derrida. São Paulo: Rosari, 2008.

JOLIVET, Regis. *Curso de filosofia*, trad. Eduardo Prado de Mendonça, Rio de Janeiro: Agir, 1995.

KELSEN, Hans. *Teoria pura do direito*, São Paulo: Martins Fontes, 1985.

_______. *O problema da justiça*, São Paulo: Martins Fontes, 1993.

LACERDA, Galeno. *Comentários ao CPC*, v. VII, t. I, Rio de Janeiro: Forense, 1984

_______. Mandados e sentenças liminares, *in Revista Forense*, nº 263, 1971.

LARA, Betina Rizatto. *Liminares no processo civil*, São Paulo: Revista dos Tribunais, 1994.

LARENZ, Karl. *Metodologia da ciência do direito*, Lisboa: Calouste Gulbenkian, 1989.

LATORRE, Angel. *Introdução ao direito*, Lisboa: Almedina, 1978.

LAURINO, Salvador Franco de Lima. Questões atuais sobre a substituição processual, *in Revista do Tribunal Superior do Trabalho*, nº 74/3, jul./set. 2008.

_______. A aplicação subsidiária do processo comum ao processo do trabalho, *in Curso de direito do Trabalho – Direito processual do trabalho*, coordenação Jorge Luiz Souto Maior e Marcus Orione Gonçalves Corrêa, São Paulo: LTr, 2009.

LEITE, Eduardo de Oliveira. *A monografia jurídica*, Porto Alegre:, S.A. Fabris Editor, 1985.

LIEBMAN, Enrico Tullio. *Processo de execução*, São Paulo: Saraiva, 1986.

_______. *Manual de direito processual civil*, v. I, Rio de Janeiro: Forense. 1985.

_______. *Embargos do executado*, São Paulo: Saraiva, 1952.

_______. Execução e ação executiva, *in Estudos sobre o processo civil brasileiro*, São Paulo: Bushatsky, 1976.

_______. Diritto costituzionale e processo civile, *in Rivista di diritto processuale*, 1952.

_______. A força criativa da jurisprudência e os limites impostos pelo texto da lei", *in Revista de Processo* nº 43, 1986.

LIMA, Alcides de Mendonça. *Comentários do código de processo civil*, VI, Rio de Janeiro: Forense, 1979.

_______. *Dicionário do código de processo civil*, São Paulo: Revista dos Tribunais, 1986.

LOPES, José Reinaldo de Lima. A crise da norma jurídica e a reforma do judiciário, *in Direitos humanos, direitos sociais e justiça*, São Paulo: Malheiros, 1994.

________. Justiça e poder judiciário ou a virtude confronta a instituição, *in Revista da USP*, nº 21, 1994.

________. *O direito na história*, São Paulo: Max Limonad, 2000.

LUNARDI, Soraya Gaspareto, em colaboração com Dimitri Dimoulis. O positivismo jurídico diante da principiologia, em colaboração com Lunardi, *in Teoria do direito neoconstitucional - Superação ou reconstrução do positivismo jurídico?*, coordenação de Dimitri Dimoulis e Écio Oto Duarte, São Paulo: Método, 2008.

LUÑO, A. E. Perez. *Los derechos fundamentales*, Madrid: Tecnos, 1993.

MACHADO, Antonio Cláudio da Costa. *A reforma do processo civil interpretada*, São Paulo: Saraiva, 1995.

MALATESTA, Nicola. *A lógica das provas em matéria criminal*, v. I, São Paulo: Saraiva, 1960.

MALLET, Estêvão. *Antecipação da tutela no processo do trabalho*, São Paulo: LTr, 1998.

________. *Ensaio sobre a interpretação das decisões judiciais*, São Paulo: LTr, 2009.

MANCUSO, Rodolfo de Camargo. *Divergência jurisprudencial e súmula vinculante*, São Paulo: Revista dos Tribunais, 2007.

MANDRIOLI, Crisanto. *Corso di diritto processuale civile*, 3 v., Turim: Giappichelli, 1989.

________. *L'esecuzione forzata in forma specifica*, Milano: Giuffrè, 1953.

________. L'esecuzione specifica dell'ordine di reintegrazione nel posto di lavoro, *in Rivista di diritto processuale*, 1975.

________. Esecuzione forzata degli obblighi di fare e di non fare, *in Novissimo digesto italiano*, v. VI, Torino, 1960.

MANZI, José Ernesto. *Da fundamentação das decisões judiciais civis e trabalhistas*, São Paulo: LTr, 2009.

MARANHÃO, Délio. *Direito do trabalho*, Rio de Janeiro: Fundação Getúlio Vargas, 1985.

MARENGO, Roberto. Note in tema di discrezionalità del giudice, *in Studi in onore di Elio Fazzalari*, v. II, Milano: Giuffrè, 1993.

MARINONI, Luiz Guilherme. *Tutela cautelar e tutela antecipatória*, São Paulo: Revista dos Tribunais, 1992.

________. *Novas linhas do processo civil*, São Paulo: Revista dos Tribunais, 1993.

________. *Efetividade do processo e tutela de urgência*, Porto Alegre: Sérgio Fabris, 1994.

________. Antecipação da tutela na reforma do processo civil, São Paulo: Malheiros, 1995.

_______. *Tutela inibitória (individual e coletiva),* São Paulo: Revista dos Tribunais, 1998.

_______. O procedimento comum clássico e a classificação trinária das sentenças como obstáculos à efetividade da tutela dos direitos, *in Revista do Tribunal Superior do Trabalho,* nº 65/1, 1999.

_______. *Tutela específica (arts. 461, CPC, e 84, CDC),* São Paulo: Revista dos Tribunais, 2001.

MARQUES, José Frederico. *Manual de direito processual civil,* São Paulo: Saraiva, 1980.

_______. *O direito processual em São Paulo,* São Paulo: Saraiva, 1977.

MARRADI, Alberto. Sistema judiciário, in *Dicionário de política,* II, Brasília, UnB, 1991.

MATTEUCCI, Nicola. Liberalismo, *in Dicionário de política,* Brasília, UnB, 1991.

_______. Direitos Humanos, *in Dicionário de política,* Brasília, UnB, 1991.

MATOS, Cecília. *O ônus da prova no Código de Defesa do Consumidor,* Dissertação de mestrado apresentada ao Departamento de Direito Processual da Universidade de São Paulo, 1993, inédita.

MAXIMILIANO, Carlos. *Hermenêutica e aplicação do direito,* Rio de Janeiro: Forense, 1988.

MEDAUAR, Odete. *A processualidade no direito administrativo,* São Paulo, Revista dos Tribunais, 1993.

MELLO, Celso Antônio Bandeira de. *Curso de direito administrativo,* São Paulo: Malheiros, 2005.

MERRYMAN, John. *La tradición juridica romano-canónica,* México: Fondo de Cultura Económica, 1994.

MESQUITA, José Ignácio Botelho. A sentença mandamental, *in Revista do Advogado,* nº 78, São Paulo: Associação dos Advogados de São Paulo, setembro/2004.

MIRANDA, Jorge. *Manual de direito constitucional,* Coimbra: Coimbra, 1988.

MIRANDA ROSA, Felipe Augusto. *Sociologia do direito:* o fenômeno jurídico como fato social, Rio de Janeiro: Jorge Zahar, 2004.

MONTESANO, Luigi. *Le tutele giurisdizionali dei diritti,* Bari: Caccuci, 1983.

_______. "Luci ed ombre in leggi e proposte di 'tutele differenziate' nei processi civile", *in Rivista di dirito processuale civile,* 1979.

_______. Esecuzione specifica, *in Enciclopedia del diritto,* XV, Milano, 1966.

_______. VACARELLA, Romano, *Manuale di diritto processuale del lavoro,* Napoles: Jovene, 1996.

MOREIRA, José Carlos Barbosa. Tutela sancionatória e tutela preventiva, *in Temas de direito processual (segunda série),* São Paulo: Saraiva, 1980.

_______. O processo civil brasileiro: uma apresentação, *in Temas de direito processual – quinta série,* São Paulo: Saraiva, 1994.

_______. A 'execução para prestação de fato' do direito português e a reforma do processo civil brasileiro, *in Revista da Procuradoria Geral do Estado da Guanabara*, 1972.

_______. A tutela específica do credor nas obrigações negativas, *in Temas de direito processual (segunda série)*, São Paulo: Saraiva, 1980.

_______. A motivação das decisões judiciais como garantia inerente ao Estado de direito, *in Temas de direito processual (segunda série)*, São Paulo: Saraiva, 1980.

_______. Regras de experiência e conceitos juridicamente indeterminados, *in Temas de direito processual (segunda série)*, São Paulo: Saraiva, 1980.

_______. A justiça no limiar de novo século, *in Temas de direito processual (quinta série)*, São Paulo: Saraiva, 1994.

_______. As bases do direito processual civil, *in Temas de direito processual (primeira série)*, São Paulo: Saraiva, 1988.

_______. Reflexões críticas sobre uma teoria da condenação civil, *in Temas de direito processual civil (primeira série)*, 1988.

_______. Tendências em matéria de execução de sentenças e ordens judiciais", *Revista de Processo*, v. 41.

_______. *O novo processo civil brasileiro*, São Paulo, Saraiva, 1984.

_______. Os novos rumos do processo civil brasileiro, *in Revista de Processo*, nº 78.

_______. Notas sobre o problema da 'efetividade' do processo, *in temas de direito processual, (terceira série)*, São Paulo: Saraiva, 1984.

_______. Tendências contemporâneas do direito processual civil, *in Temas de direito processual civil (terceira série)*, São Paulo: Saraiva, 1984.

_______. A sentença mandamental – Da Alemanha ao Brasil, *in Temas de direito processual (sétima série)*, São Paulo: Saraiva, 2001.

MORELLO, Augusto. Las nuevas exigencias de tutela, *in Revista de Processo*, v. 31.

_______. *La reforma de la justicia*, La Plata: Platense, 1991.

_______. *El processo justo*, La Plata: Platense, 1994.

NERY JUNIOR, Nelson. *Princípios do processo civil na Constituição Federal*, São Paulo: Revista dos Tribunais, 1992.

_______. *Código de processo civil comentado*, em colaboração com Rosa Maria A. Nery, São Paulo: Revista dos Tribunais, 1994.

_______. *Atualidades sobre o processo civil – A reforma do código de processo civil brasileiro de dezembro de 1994*, São Paulo: Revista dos Tribunais, 1995.

_______. Considerações práticas sobre o processo cautelar, *in Revista de Processo*, nº 53.

NETO, Henrique Nielsen. *Filosofia básica*, São Paulo: Atual, 1992.

NEVES, Celso. *Estrutura fundamental do processo civil*, São Paulo: Forense, 1995.

NORONHA, Carlos Silveira. Apontamentos históricos da tutela diferenciada, *in Processo civil: estudo em homenagem aos 20 anos de vigência do CPC*, org. José Rogério Cruz e Tucci, São Paulo: Saraiva, 1995.

NUVOLONE, Pietro. Discrezionalità del giudice e certezza del diritto, *in Studi in onore di Enrico Tullio Liebman*, Milano: Giuffrè, 1979.

OLIVEIRA, Carlos Alberto Álvaro. *Comentários ao CPC*, v. VIII, t. II, Rio de Janeiro: Forense, 1988.

________. A tutela cautelar antecipatória e os alimentos *initio litis, in Revista Ajuris*, nº 41.

________. Efetividade e processo cautelar, *in Revista Ajuris*, nº 61.

________. Procedimento e ideologia no direito brasileiro atual, *in Revista Ajuris*, nº 33.

________. Tutela jurisdicional, trabalho apresentado no Curso de Pós-Graduação da Faculdade de Direito da USP, 1991.

________. Do formalismo no processo civil, São Paulo: Saraiva, 1997.

OUTHWAITE, William. *Dicionário do pensamento social do século XX*, Rio de Janeiro: Jorge Zahar, 1996.

PEDRAZZOLI, Marcello. La tutela cautelare delle situazioni soggettive nel rapporto del lavoro, *in Rivista trimestrale di diritto e procedura civile*, 1973.

PEREIRA, Caio Mário da Silva. *Instituições de direito civil*, v. II e IV, Rio de Janeiro: Forense, 1990.

PERROY, Edouard. *História geral das civilizações*, v. VII, trad. J. Grinsburg e Vitor Ramos, São Paulo: Bertrand Brasil, 1994.

PIERLINGIERI, Pietro. Depatrimonializzazione e diritto civile, *in Rassegna di diritto civile*, nº 3, 1983.

PONTES DE MIRANDA, Francisco Cavalcanti. *Comentários ao Código de processo civil*, Rio de Janeiro: Forense, 1974.

________. *Tratado das ações, t. I*, São Paulo: Revista dos Tribunais, 1972.

________. *Tratado de direito privado*, v. XXII, Rio de Janeiro: Forense, 1984.

PROTO PISANI, Andrea. *Appunti sulla giustizia civile*, Bari: Cacucci, 1982.

________. Las tendencias actuales del derecho procesal civil en Italia, *in Tendencias actuales del derecho*, org. José Luis Soberanes, México: Fondo del Cultura, s.d.e.

________. *Studi di diritto processuale del lavoro*, Milano: Franco Angeli, 1974.

________. "L'effetività dei mezzi di tutela giurisdizionale con particolare riferimento all'attuazione della sentenza di condanna", *in Rivista di diritto processuale civile*, 1975.

________. *Lezioni di diritto processuale civile*, Napoli: Jovene, 1994.

PUGLIESE, Giovanni. L'actio e la litis contestatio nella storia del processo romano, *in Studi in onore a Enrico Tullio Liebman*, Milano: Giuffrè, 1979.

QUINTERO, Beatriz. *Teoria general del proceso*, Bogotá: Temis, 1995.

RÁO, Vicente. *O direito e a vida dos direitos*, São Paulo: Revista dos Tribunais, 1991.

RAPISARDA, Cristina. *Profili della tutela civile inibitoria*, Padova: CEDAM, 1987.

REALE, Miguel. *O direito como experiência*, São Paulo: Saraiva, 1968.

________. *Filosofia do direito*, São Paulo: Saraiva, 1990.

________. *Fontes e modelos do direito*, São Paulo: Saraiva, 1994.

________. *Lições preliminares de direito*, São Paulo, 1983, Saraiva.

________. A sociedade contemporânea, seus conflitos e a eficácia do direito, in *Revista da Procuradoria Geral do Estado*, 1977.

REGONINI, Glória. Estado do bem estar, *Dicionário de política*, Brasília: UnB, 1991.

ROCHA, José de Albuquerque. *Estudos sobre o poder judiciário*, São Paulo: Malheiros, 1995.

ROCHER, Guy. *Sociologia geral*, IV, Lisboa: Presença, 1981.

ROSA, Eliézer. *Dicionário de processo civil*, São Paulo: Bushatsky, 1973.

RUA, Fernando de la. *Teoría General del processo*, Buenos Aires: Depalma, 1991.

RUSCONI, Enrico Gian. Razionalità, razionalizzazione e burocratizzazione, *in Max Weber e l'analisi del mondo moderno*, Torino: Eunaudi, 1981.

SALDANHA, *Nelson*. O estado moderno e o constitucionalismo, São Paulo: Bushatsky, 1976.

SANTOS, Boaventura de Souza. "Introdução à sociologia da administração da justiça", *in A função social do judiciário*, organização de José Eduardo Faria, São Paulo, Ática, 1989.

SANTOS, João Manuel de Carvalho. *Código civil brasileiro interpretado*, XI, Rio de Janeiro: Freitas Bastos, 1936.

SANTOS, Moacyr Amaral. *Ações cominatórias no direito brasileiro*, São Paulo: Max Limonad, 1958.

SAVATER, Fernando. Esquerda e direita, *in Desperta e lê*, São Paulo: Martins Fontes, 2001.

SCIASIA, Gaetano. *Manual de direito romano*, São Paulo: Revista dos Tribunais, 1988.

SERENI, Angelo Piero. *Aspetti del processo civile negli Stati Uniti*, Milano: Giuffrè, 1954.

SERPA LOPES, Miguel Maria de. *Curso de direito civil*, Rio de Janeiro: Freitas Bastos, 1988.

SEVERINO, Antonio Joaquim. *Metodologia do trabalho científico*, São Paulo: Cortez, 1991.

SILVA, Clóvis do Couto e. A teoria das ações em Pontes de Miranda, *in Revista Ajuris*, nº 43, 1988.

SILVA, Floriano Corrêa Vaz. *Direito constitucional do trabalho*, São Paulo: Ltr, 1977.

SILVA, João Calvão. *Cumprimento e sanção pecuniária compulsória*, Coimbra: Almedina, 1987.

SILVA, José Afonso. *Direito constitucional positivo*, São Paulo: Revista dos Tribunais, 1989.

_______. Estado democrático de direito, *in Revista da Procuradoria Geral do Estado de São Paulo*, Dezembro de 1988.

SILVA, Ovídio Batista. *Curso de processo civil*, Porto Alegre: Sérgio Fabris, 1990.

_______. *Comentários ao CPC*, v. IX, Porto Alegre: LeJur, 1986.

_______. *Sentença e coisa julgada*, Porto Alegre: Sérgio Fabris, 1988.

_______. *Ação de imissão de posse no direito brasileiro atual*, São Paulo: Saraiva, 1981.

_______. Decisões interlocutórias e sentenças liminares, *in Revista de Processo*, nº 61.

_______. Tutela antecipatória e juízos de verossimilhança, *in O processo civil contemporâneo*, org. Luiz Guilherme Marinoni, Curitiba: Juruá, 1994.

_______. *Teoria geral do direito processual civil*, em colaboração, Porto Alegre: LeJur, 1983.

_______. A plenitude de defesa no processo civil, *in As garantias do cidadão na justiça*, org. Sálvio de Figueiredo Teixeira, São Paulo: Saraiva, 1993.

_______. A função dos tribunais superiores, *in Sentença e coisa julgada*, Rio de Janeiro: Forense, 2006.

SHIRLEY, Robert Weaver. *Antropologia jurídica*, São Paulo: Saraiva, 1987.

SILVESTRI, Elisabetta. Problemi e prospettive di evoluzione nell'esecuzione degli obblighi di fare e di non fare, *in Rivista di diritto processuale*, 1981.

SOBOUL, Albert. *A revolução francesa*, São Paulo: Difel, 1982.

SOUZA, Luiz Sérgio Fernandes. *O papel da ideologia no preenchimento das lacunas no direito*, São Paulo: Revista dos Tribunais, 1993.

SPADONI, Joaquim Felipe. *Ação inibitória: a ação preventiva prevista no art. 461 do CPC*, São Paulo: Revista dos Tribunais, 2002.

SURGIK, Aloisio. *Lineamentos do processo civil romano*, Curitiba: Livro é Cultura, 1990.

TALAMINI, Eduardo. *Tutela relativa aos deveres de fazer e de não fazer – e sua extensão aos deveres de entrega de coisa*, São Paulo: Revista dos Tribunais, 2003.

TARUFFO, Michele. L'attuazione esecutiva dei diritti: profili comparatistici, *in Rivista trimestrale di diritto e procedura civile*, 1988.

_______. Problema in tema di esecutorietà della condanna alla reintegrazione del lavoratore, *in Rivista trimestrale di diritto e procedura civile*.

_______. *La giustizia civile negli Stati Uniti*, em colaboração, Bologna: Il Mulino, 1993.

TARZIA, Giuseppe. Presente e futuro delle misure coercitive, *in Rivista trimestrale di diritto e procedura civile*, 1981.

_______. *Manuale del processo del lavoro*, Milano: Giuffrè, 1975.

TAVARES, André Ramos. *Fronteiras da hermenêutica constitucional*, São Paulo: Método, 2006.

TEIXEIRA, Sálvio de Figueiredo. O processo civil na nova constituição, *in Revista de Processo*, nº 53.

TOLEDO FILHO, Manoel Carlos. Fundamentos *e perspectivas do processo trabalhista brasileiro*, São Paulo: LTr, 2006.

TOMMASEO, Ferruccio. *I provvedimenti di urgenza, struttura e limiti della tutela anticipatoria*, Padova: CEDAM, 1983.

_______. *Appunti di diritto processuale civile – nozione introdutive*, Torino: Giappichelli, 1995.

TROCKER, Nicoló. *Processo civile e costituzione*, Milano: Giuffrè, 1974.

TUCCI, José Rogério. *A 'causa de petendi' no processo civil*, São Paulo: Revista dos Tribunais, 1993.

_______. *Ação monitória*, São Paulo: Revista dos Tribunais, 1995.

URBINA, Alberto Trueba. *Nuevo derecho procesal del trabajo*, México: Porrua, 1941.

USERA, Raúl Canosa. *Interpretación constitucional y fórmula politica*, Madri: Centro de Estudios Constitucionales, 1988.

VAN CAENEGEN. *Uma introdução histórica ao direito privado*, São Paulo: Martins Fontes, 1995.

VARELA, J. M. Antunes. *Das obrigações em geral*, v. I, Coimbra: Almedina, 1991.

VENTURI, Elton. *Execução da tutela coletiva*, São Paulo: Malheiros, 2000.

VERDE, Giovanni. La disciplina dell'esecuzione forzata secondo il disegno di legge delega per un nuovo codice di procedura civile, *in Rivista di diritto processuale*, 1985.

_______. *Profili del processo civile*, Napoli: Jovene, 1980.

VERDU, Pablo Lucas. *La lucha por el estado de derecho*, Bolonha: Real Colégio de Espanha, 1975.

VIGLIAR, José Marcelo Menezes. A reforma do judiciário e as súmulas de efeitos vinculantes, *in Reforma do Judiciário*, coordenação de André Ramos Tavares *et al.* São Paulo: Método, 2005.

YARSHEL, Flávio. *Tutela jurisdicional específica nas obrigações de declaração de vontade*, São Paulo: Malheiros, 1993.

_______. Tutela específica e a reforma do código de processo civil, *in Revista da Associação dos Advogados de São Paulo*, nº 46.

_______. *Tutela jurisdicional*, São Paulo: Atlas, 1999.

WATANABE, Kazuo. *Controle jurisdicional – Princípio da inafastabilidade do controle jurisdicional no sistema jurídico brasileiro*, São Paulo: Revista dos Tribunais, 1980.

_______. *Da cognição no processo civil,* São Paulo: Revista dos Tribunais, 1990.

_______. *Código brasileiro de defesa do consumidor* – comentados pelos autores do anteprojeto em colaboração, Rio de Janeiro: Forense, 1991.

_______. Acesso à justiça e sociedade moderna, *in Participação e processo,* São Paulo: Revista dos Tribunais, 1988.

WOLF, Christopher. *La transformación de la interpretacion constitucional,* Madrid: Civitas, 1991.

ZAVASCKI, Teori Albino. Antecipação da tutela e colisão de direitos fundamentais", *in Revista da Associação dos Advogados de São Paulo,* nº 46.

Acreditamos que sua resposta nos ajuda a aperfeiçoar continuamente nosso trabalho para atendê-lo(la) melhor e aos outros leitores. Por favor, preencha o formulário abaixo e envie pelos correios. Agradecemos sua colaboração.

Seu Nome: ______________________

Sexo: ☐ Feminino ☐ Masculino CPF: ______________

Endereço: ______________________

E-mail: ______________________

Curso ou Profissão: ______________________

Ano/Período em que estuda: ______________________

Livro adquirido e autor: ______________________

Como ficou conhecendo este livro?

☐ Mala direta ☐ E-mail da Elsevier
☐ Recomendação de amigo ☐ Anúncio (onde?) ______________
☐ Recomendação de seu professor?
☐ Site (qual?) ______________ ☐ Resenha jornal ou revista
☐ Evento (qual?) ______________ ☐ Outro (qual?) ______________

Onde costuma comprar livros?

☐ Internet (qual site?) ______________________
☐ Livrarias ☐ Feiras e eventos ☐ Mala direta

☐ Quero receber informações e ofertas especiais sobre livros da Elsevier e Parceiros

SAC ELSEVIER | 0800 026 53 40
sac@elsevier.com.br

Cartão Resposta
050120048-7/2003-DR/RJ
Elsevier Editora Ltda
CORREIOS

CARTÃO RESPOSTA

Não é necessário selar

O SELO SERÁ PAGO POR

Elsevier Editora Ltda

20299-999 - Rio de Janeiro - RJ

Qual(is) o(s) conteúdo(s) de seu interesse?

Jurídico - ☐ Livros Profissionais ☐ Livros Universitários ☐ OAB ☐ Teoria Geral e Filosofia do Direito

Educação & Referência - ☐ Comportamento ☐ Desenvolvimento Sustentável ☐ Dicionários e Enciclopédias ☐ Divulgação Científica ☐ Educação Familiar ☐ Finanças Pessoais ☐ Idiomas ☐ Interesse Geral ☐ Motivação ☐ Qualidade de Vida ☐ Sociedade e Política

Negócios - ☐ Administração/Gestão Empresarial ☐ Biografias ☐ Carreira e Liderança Empresariais ☐ E-Business ☐ Estratégia ☐ Light Business ☐ Marketing/Vendas ☐ RH/Gestão de Pessoas ☐ Tecnologia

Concursos - ☐ Administração Pública e Orçamento ☐ Ciências ☐ Contabilidade ☐ Dicas e Técnicas de Estudo ☐ Informática ☐ Jurídico Exatas ☐ Língua Estrangeira ☐ Língua Portuguesa ☐ Outros

Universitário - ☐ Administração ☐ Ciências Políticas ☐ Computação ☐ Comunicação ☐ Economia ☐ Engenharia ☐ Estatística ☐ Finanças ☐ Física ☐ História ☐ Psicologia ☐ Relações Internacionais ☐ Turismo

Áreas da Saúde - ☐ Anestesia ☐ Bioética ☐ Cardiologia ☐ Ciências Básicas ☐ Cirurgia ☐ Cirurgia Plástica ☐ Cirurgia Vascular e Endovascular ☐ Dermatologia ☐ Ecocardiologia ☐ Eletrocardiologia ☐ Emergência ☐ Enfermagem ☐ Fisioterapia ☐ Genética Médica ☐ Ginecologia e Obstetrícia ☐ Imunologia Clínica ☐ Medicina Baseada em Evidências ☐ Neurologia ☐ Odontologia ☐ Oftalmologia ☐ Ortopedia ☐ Pediatria ☐ Radiologia ☐ Terapia Intensiva ☐ Urologia ☐ Veterinária

Outras Áreas - ____________________

Tem algum comentário sobre este livro que deseja compartilhar conosco?

____

* A informação que você está fornecendo será usada apenas pela Elsevier e não será vendida, alugada ou distribuída por terceiros sem permissão preliminar.

* Para obter mais informações sobre nossos catálogos e livros por favor acesse **www.elsevier.com.br** ou ligue para **0800 026 53 40.**